経済原論

資本主義経済の原理的解剖

木下 富市 著

時潮社

序

　自由・平等・博愛——フランス革命が掲げたこれらの根本理念は、その後の人類史を照らす道標になっている。それはまた、理念的には平等よりも自由の方に重心を置いた資本主義と、自由よりも平等の方に重心を置いた社会主義とに、近・現代社会が分裂することの予兆であったのかもしれない。

　社会主義を一つの国際的体制として確立しようとしたソビエト連邦を領袖とする社会主義諸国は、そのソビエトを失い、あるものはすでに社会主義を離れ、またあるものは解体してすでになく、残った国々も急速に資本主義への傾斜を強めている。少なからぬ人々の夢を託した壮大な世界史的実験であった社会主義の事実上の失敗には、実に様々な経済的・政治的・国際的な諸要因があまりにも複雑に絡まりあっていて、その真相の究明には多数の専門家による長年の研究が必要であろうことは想像に難くない。ただ経済学の原理的な視角からは、次の一点を指摘しておきたい。

　資本主義経済は、社会存立に必要な原則的諸条件を基本的には商品の交換関係を通して充足し維持しているが、社会主義諸国は、それに取って代わる、さらにはそれを凌駕することのできる経済様式や経済組織を、結果的には発見することも作り出すこともできなかったのである。資本主義経済全体を引き締め、無駄を省き、極めて効率的に運営する——あくまでも商品経済的な合理性に照らしてではあるが——最も中心的な経済的尺度基準、それが利潤率であるが、社会主義には贅肉をそぎ落として経済全体を引き締める、この利潤率に相当するようなはたらきをする社会的・経済的な量的基準が確立していなかったと言える。この一点においてさえ、社会主義が経済競争で資本主義に遅れをとるのは必定であった。資本主義経済が個人や資本の自由な競争に委ねていることを社会的な組織や計画で直接的に制御しようとしても、その具体的な方法が分からない限り、国家権力によって上から強引に統制す

るしか社会や国家の統一を確保する方法はないことになる。原理的にはここに社会主義の悲劇がある。交換関係に代わる——というのは、交換関係が商品経済を作り上げている最も基礎的な人間関係であり、人々はみな交換関係に編み込まれているからであるが——社会を築き上げることの可能な、それも交換関係を上回る人対人の経済的な関係が存在するのかしないのかは、今のところ不明である。しかしともかくそれを見つけ出さない限り、資本主義社会は、おそらくその相貌を時代に応じて変えつつ間歇的に社会に大きな痛みを与えながら、その柔軟な適応能力によって今後も存続していくことになるであろう。

　一方、現時点では歴史の勝者然としている資本主義社会の方はどうであろうか。資本主義社会は言うまでもなく、無から生まれたわけでもすべてを自前で作り出しているわけでもない。数多くの先験的前提の上に成り立っているのであって、そのなかでも最も大きな前提が地球そのものであり、その自然環境全体であり、多様性に満ちた豊かな生態系である。ところが、中国をはじめ社会主義圏をも巻き込んだ近年の資本主義の急激な膨張は、地球の自然環境、その豊かな生態系にまで悪影響を及ぼすまでに物質的な生産力を上昇させている。資本主義の恐慌は、資本の生産物ではない労働力商品からの急激な資本の膨張に対する制約の現れであるが、このことは資本の膨張がその前提を侵蝕するまでに至ると、前提からの制約や反撃を受けざるを得ないということを象徴的に示している。この制約や反撃が今後どのような形でどの程度の規模となって発現するかは不明であるが、この社会・この世界に大きな経済的かつ政治的な軋轢や衝突をもたらすであろうことは、間違いない。

　さらに、驚異的な発展を遂げつつある最新の電子情報機器を技術的な手段にして、それを最も必要とし、また実際に最も活用している金融界を筆頭に、

序

　世界は政治的にも経済的にも緊密に結び付けられ絡み合う名実ともに有機的な全体を加速度的に形成しつつある。こうした大きな潮流のなかではグローバリゼーションは不可避的に進行する。グローバリゼーションとは、一言でいえば、資本主義体制を維持したままでの、その枠内での、世界の均質化作用、世界の平準化作用である。資本は、様々な格差を利用して価値増殖を遂げる経済的生命体であるが、その反面、その運動を通してそれらの格差を平準化する作用を多かれ少なかれ必ずともなわざるを得ない。経済的にはとっくに国家的な枠組みから溢れ出ている多国籍資本によるこの世界平準化作用は、非商品経済的部分に対しては商品経済的な合理性を押し付けて商品経済化しようとするために、ここでも経済的・政治的・文化的・宗教的な様々な軋轢や摩擦を生み出し、激しい紛争の火種となっている。資本主義どうし、あるいは商品経済どうしの間では、商品価格・賃銀・利潤・利子・生産性・生産方法・経営様式は言うに及ばず、法律・慣習・思考様式・文化等々の様々な格差を均等化する作用がはたらくことになる。例えば近年、日本で正規雇用が減少し、派遣労働を利用した非正規雇用が急増して労働分配率が減少したことの背景に、安価な賃銀で労働者を雇うことのできる中国やその他の東アジア諸国との経済競争に巻き込まれた日本企業が、政策的支援を背景に賃銀切り下げの手段として、こうした雇用形態を採用したことは明らかである。つまり、日本の労働者の相対的に高い賃銀は、他国の安価な労働者の賃銀に一定程度、平準化させられる作用を受けたことになる。こうした平準化の流れは社会のあらゆる分野で、遅かれ早かれ、強かれ弱かれ、様々な形をとって進み続けるものと考えられる。

　ところが、結果的にはこのような均等化・平準化作用をもたざるを得ないグローバリゼーションは、同時に世界的な巨大金融資本や投資機関によって

絶好の利益獲得の機会として利用されており、その結果、現在では過剰資本が過剰な流動性をともなった投機資金の形で大量に存在している。そのため、昔であれば水面上の 漣 (さざなみ) 程度の攪乱で済んでいたかもしれない投機の動きさえ、現在ではバブルの破裂に象徴されるように水底（実体経済）まで攪乱するような、巨大な波を発生させるほどの影響力をもつまでに膨張している。つまり、恐慌を発生させる原因となる巨大な過剰資本が過剰資金の形で絶えず地球を徘徊しているのであって、これこそ現代における正真正銘の妖怪に他ならない。結局、資本主義にも問題は山積しており、その未来が永続的に明るい保証はどこにもないのである。

　自由を犠牲にして平等を選択するか、平等を犠牲にして自由を選択するか——前者は経済効率性で劣り、後者は貧富の差に悩まざるを得ない。現代社会は、いわば自由と平等という二つの重心をもちながら、その間で絶えず不安定に揺れ動いているのである。自由と平等との両立はいかにして可能か、歴史が人類に託したこの難題を解く鍵をわれわれはまだ手に入れてはいない。平面が三つの点で安定するように、社会の安定には三つの重心が必要であり、その解答への鍵は、出来すぎた話になるが、あるいはフランス革命がわれわれに残した最後の理念である博愛と、それを実現することの可能な人と人との関係が握っているのかもしれない。そして、利己的動機と利己的利害に立脚した相互提供の基本原理で成り立つ交換関係に代わる博愛的な人間関係が存在するとしたら、それは恐らく、利己と利他の利害を新たな次元で止揚した相互扶助・共存共栄の基本原理で成り立つ人間関係になるものと思われるが、いずれにせよ、それは高度に社会的な精神性を人間に求めることになるであろうし、したがってまた、そのような人間と人間社会が成り立つだけの経済的・政治的・文化的な諸々の条件が必要になると思われる。

序

　しかし、こうした社会関係の具体的内容とは何か、そうした人間や社会が成立するのに必要な諸条件とは何か——いまは、これらの一切合切は、前史から抜け出して人類史の本史を築こうとするこれからの人類の試行錯誤の歩みが示してくれるだろうと、言えるのみである。ただ、幸いなことに当面の目標は原理的にははっきりしている。社会の存続に必要な経済的な原則的諸条件の充足を、私的利潤の獲得を至上命題とする資本の論理に委ねないこと、少なくとも社会の経済的運営に対する資本の支配力を社会が制御可能な範囲に留めること、あるいは資本の総量を社会の許容量の範囲内に押さえ込む何らかの国際的な政策的・法律的な手立てを国際社会が講じることである。商品経済が自己組織化を積み重ねて、この膨大な世界的資本主義経済を築き上げたように、今度は国際社会が共同歩調をとって資本の暴走を押さえ込むための装置を組織化する番である。そのためにも極めて現代的な課題として、資本がいかにしてこの複雑かつ膨大な経済を運営しているのか、その巧妙な仕組みの科学的な分析はいまもなお必要であり、今後その現実的・実践的な重要性はますます増していくことはあっても、減っていくことはないものと思われる。

　こうした意味合いにおいても、拙い本書がわれわれの暮らすこの社会・この世界の客観的・総体的な認識にとって、そのささやかな一助となれば、幸いである。

著　者

科学の使命は
不可視の闇を概念の光で
可視化することである

目　次

序

【1】　流通形態

Ⅰ　商品形態
　（1）商品の2要素……………………………………………………13
　（2）交換要請関係……………………………………………………18
　（3）貨幣形態の成立…………………………………………………24
　　　　補注1……………………………………………………………25
Ⅱ　貨幣の機能
　（1）購買手段機能……………………………………………………27
　（2）価値保存手段機能………………………………………………33
　（3）支払手段機能……………………………………………………35
　（4）資金機能…………………………………………………………36
　　　　補注2……………………………………………………………38
Ⅲ　資本の形式
　（1）金貸資本形式……………………………………………………39
　（2）商人資本形式……………………………………………………41
　（3）産業資本形式……………………………………………………44
　　　　補注3……………………………………………………………51

【2】　個別資本の運動過程

Ⅳ　個別資本の生産過程
　（1）労働生産過程……………………………………………………53
　（2）価値形成増殖過程………………………………………………58

（3）資本主義的生産方法の基礎……………………………65
　　（4）労賃形態……………………………………………………71
　　　　　補注4 ……………………………………………………75
Ⅴ　個別資本の流通過程
　　（1）生産資本と流通資本………………………………………77
　　（2）生産期間と流通期間………………………………………80
　　（3）資本の分割と流通費用……………………………………81
Ⅵ　個別資本の総過程
　　（1）労働量と価格………………………………………………87
　　（2）費用価格と個別利潤………………………………………91
　　（3）個別的利潤率と内的規定要因……………………………99
　　　　　補注5 ……………………………………………………110

【3】　社会的総資本の均衡編制

Ⅶ　一般的利潤率の形成
　　（1）社会的分業と経済原則……………………………………113
　　（2）生産価格と利潤率均等化の法則…………………………119
　　　　　補注6 ……………………………………………………133
　　（3）市場価値と市場生産価格…………………………………136
　　〈補論〉生産価格と再生産表式…………………………………140
Ⅷ　地　代
　　（1）超過利潤と地代……………………………………………148
　　（2）絶対地代……………………………………………………150
　　（3）差額地代第Ⅰ形態…………………………………………154
　　（4）差額地代第Ⅱ形態…………………………………………157
　　　　　補注7 ……………………………………………………161
Ⅸ　信用と利子
　　（1）商業資本と商業信用………………………………………163

（2）銀行資本と銀行信用 ………………………………………168
　（3）擬制資本 ……………………………………………………176
　　　補注8 ………………………………………………………185

【4】 社会的総資本の蓄積過程

Ⅹ　資本の再生産方式
　（1）個別資本の再生産方式 ……………………………………192
　（2）社会的総資本の再生産方式 ………………………………193
Ⅺ　資本の蓄積様式
　（1）資本構成一定の蓄積 ………………………………………195
　（2）資本構成高度化の蓄積 ……………………………………196
Ⅻ　景気循環
　（1）好況期 ………………………………………………………199
　（2）恐　慌 ………………………………………………………201
　（3）不況期 ………………………………………………………202
　（4）恐慌の必然性 ………………………………………………204
　（5）資本主義経済の原理的限界 ………………………………207

あとがき ……………………………………………………………209
　付録1　K.マルクス『資本論』の目次（第1巻〜第3巻）　213
　付録2　宇野弘蔵『経済原論』の目次　217
　索　引　218

装幀　比賀祐介

【1】 流通形態

Ⅰ 商品形態

(1) 商品の2要素

〈1〉

　人は生きている間に様々な活動（営み）を展開する。単独で行う活動もあれば集団で行う活動もある。私的な活動もあれば公的な活動もある。精神的な活動もあれば身体的な活動もある。しかし、その内容がどのような種類のものであれ、人の暮らしと営みには、衣・食・住をはじめその他諸々に関わる多種多様の有形・無形の物質的な有用物（いわゆる財・財貨）が必要である。人が物質的な有用物を必要とするこの関係は、人が物質的な生命体として自然物質界に存在している限り、有史以前の太古から遥かな未来へと続く人類史を貫く最も根源的な関係である。

　人の暮らしと営みに必要な様々な有用物が、私的・個人的な所有物として交換関係に取り込まれると、この有用物はそれまでにはなかった新たな性格を帯びることになる。交換関係は、そもそも有用物を媒介とすることではじめて成り立つことのできる人対人の特殊な一社会関係である。したがって、交換用の有用物を所有しない者は交換関係を取り結ぶことは不可能であり、必然的に交換関係から排除されるのであって、この意味で持てる者どうしの社会関係である交換関係は持たざる者には本質的に冷酷な側面をもつ社会関係となる。この交換関係は、利己的な利害と利己的な動機とに立脚した基本原理——"こちらが何かを提供しない限り、誰もこちらに何も提供してくれない"あるいは"あちらが何かを提供してくれれば、こちらも何かを提供してあげよう"という相互提供の基本原理——で成り立っていて、交換関係に

取り込まれた有用物に対して商品という一つの特殊な社会的性格を与える。すなわち、"give and take"の相互提供の原理で成り立つ交換関係のなかでは、必要ではあるが自分の所有していない有用物を手に入れるには、それと引き換えに相手に差し出す、自分には不要な何らかの有用物を所有せざるを得ないのであって、その有用物は、種類の異なる他の有用物との交換を目的として所有されるものとして商品形態をとり、商品となるのである。したがって商品とは、その最も抽象的な規定性においては、他の異なる種類の有用物との交換を目的として私的に所有されている有用物、ということになる。

　本書の課題は、資本主義社会の経済的な下部構造をなしている資本主義的商品経済を対象として、その成立構造や運動法則の原理的な分析を行うことにあるが、この資本主義的商品経済（以下、資本主義経済と略称）では、私的に所有されているありとあらゆる種類の有用物のほとんどすべてが、個々別々に商品形態をとって存在しているか、あるいはすでに存在していたのであって、人の物への根源的な依存関係が、ここでは他人の物＝商品への依存関係として社会のすみずみまで網の目のように張りめぐらされている。したがって、資本主義経済は歴史的にも概念的にもまずは全面的な商品経済として特徴づけられる。個々の商品は、いわば資本主義経済という巨大な有機的生命体を作り上げている一つ一つの細胞なのであり、資本主義経済もまた、その最も抽象的な規定性においては、多種多様の無数の個別商品がそれぞれに交換を求めて蠢き合う商品世界として立ち現れることになる。

〈2〉
　商品は、使用され消費されることで特定の使用目的のために役に立つという意味での有用性である使用価値と、交換関係のなかで自分の欲しい使用価値をもつ他の商品を得るための手段、すなわち交換手段（交換によって他財を獲得するための手段）として役に立つという意味での有用性──少なくとも所有者によって交換手段としての役割を担わされた、したがって交換手段として役に立つ可能性（交換可能性）をもっているという意味での有用性

【1】 流通形態

——である交換価値という、性格の異なる二つの要素をもっている。

　使用価値は、人間が生存し社会が存在する限り、あらゆる社会・あらゆる歴史を貫いてみられる人と有用物との使用・被使用という根源的関係のなかで、有用物がこの関係それ自体から受け取る歴史普遍的な性格規定である。使用価値の質的側面、すなわち、どのような種類の使用目的に役に立つのかという使用価値の具体的な内容は——その内容がおもに物質的・身体的な効用であろうと精神的・心理的な効用であろうと、それは一切かまわないのであるが——その有用物のもつ自然的・素材的な諸属性と、人間社会がその歴史的発展段階において獲得している科学的・技術的な水準によって決定される。そのため、例えば鉄やアルミニウムのようにある時代・ある社会では使用価値をもち得なかった物でも、他の異なる時代・異なる社会では使用価値をもち得ることも珍しいことではない。さらに、科学技術の発展によって同じ物がまったく別の新たな使用価値をもつようになることもあり得る。例えば、1世紀前に太陽光線から電気が得られることを想像し得た者が一体、何人いたであろうか。使用価値の発見史も人類史の重要な一つの側面を形成しているのである。

　使用価値の量的側面、すなわち、それぞれの使用価値の大きさ——とは言っても、個人個人の私的主観的な効用ではなく、誰の目にも明らかな客観的な使用価値量——は、有用物の数量によって表される以外に方法はないため、どのような社会においても、その種類に応じて有用物ごとに、例えば自転車1台・書籍2冊とか上着3着・醬油4升とかのように、その使用価値の属性にふさわしい独自の基数詞によって区別され、その基数詞を単位として表わされている。

　それに対して、交換手段としての有用性である交換価値——それはまた、実際に交換手段として役に立つというだけでなく、交換価値としての性質上、その前段階として相手に交換を求めてはたらきかけるという作用的側面も含む——は、人対人の、有用物を媒介としてはじめて成り立つことのできる特殊な社会関係である交換関係のなかで、有用物がこの関係それ自体から受け

取る特殊な社会的性格規定である。交換価値は所有者の視点からは交換手段としての有用性であるが、当の商品に即して言えば他財獲得能力であり、スミス流に言えば他の商品に対する支配力・購買力である。そして、単なる有用物を商品に転化させているのは使用価値の方ではなく、商品にのみ独自な社会的性格としての交換価値の方である。

　交換価値の量的側面である交換価値の大きさ、すなわち、交換手段としての役立ち方の量的度合いを示す交換価値の大きさは、こちらが交換に提供する商品量と、それと引き換えに交換相手がこちら側に提供してくれる商品量との割合として、つまり、提供商品と相手商品との交換比率として表現される。この場合、交換価値はあくまでもその大きさを表現されるものとしての商品独自の社会的な量的性格であって、交換比率自体が交換価値ではないことに注意しなければならない。それは、人が悲しみで涙するとき、涙それ自体が悲しみではないのと似ている。悲しみは人の心の内にあり、涙はその表現でしかない。したがって、例えばパンの所有者がパン１斤と牛乳２リットルとの交換を望んでいる場合には、パン１斤の交換価値の大きさが２リットルの牛乳という具体的な形で可視化されて表されているのである。

　この交換比率は、交換を求める段階では商品所有者の私的・主観的な価値判断の下に決定される以外に方法はないため、主観的な交換比率――この意味で、量的には主観的交換価値（量）――にならざるを得ない。さらに交換が実現したとしても、交換比率は諸々の偶然的事情の攪乱的影響を受けつつ、直接的には交換当事者双方の合意によって個々別々に決定される以外に方法はないのであって、商品の交換価値も――たとえ同じ品種の商品であっても――さしあたり量的には、個々別々に存在する商品がもつ、したがって往々にして異なる大きさとして表される個別的交換価値（量）として存在することになる。

〈３〉
　使用価値と交換価値という商品を構成するこれら二つの要素は、結果的に

【1】 流通形態

はともかく、当初から使用価値をもたない商品や当初から交換価値をもたない商品があり得ないように、いずれが欠けても商品にはなり得ない。この意味で、使用価値と交換価値は商品にとって必要不可欠な要素であり、そのようなものとして相互に前提し合う関係にある。しかし、裏を返せばこの相互依存の関係は同時に相互に制約し合う関係でもある。

商品の使用価値は商品体のもつ限定された自然的・素材的な属性によって決定されるため、その多くは適用範囲や適用期間の限られた特定の使用目的にしか役に立たない。したがって使用価値は、実際上は商品種ごとに非常に狭い使用範囲に限定されざるを得ないために、交換に提供した商品の使用価値が交換相手の望む使用価値である保証はない。すなわち、こちらが相手商品の使用価値を望んでいたとしても、こちらの商品が相手の望む使用価値をもつ商品でなければ交換は成り立たない。この意味で、どのような商品であれその商品の限定された使用価値は、その商品が交換手段として自由に機能するのを妨げている。したがって、すべての商品の交換価値はその商品の特殊個別的な使用価値に制約されていて——この制約のなかには、損傷を受けやすい使用価値をもつ商品は使用価値の損傷によって交換価値をもなくしてしまうという別の側面も含まれているのであるが——交換価値としての有用性や有効性を自由に発揮できない関係にある。要するに、すべての商品所有者にとって自分の商品の交換価値としての可能性は、その思いに反して、そう簡単には現実化してくれないのである。

逆に、どの商品の使用価値もその商品の所有者にとっては使用されないため——というのは、自分が使用するものはそもそも交換に提供されないからであるが——交換が成立してその商品の使用を望んでいる人の手に渡らなければ使用してもらえない。つまり、交換価値としての有用性が発揮されたあとでなければ使用価値としての有用性を実証できない関係にある。この意味で、商品の使用価値も交換価値によって制約を受けている。いずれの制約も有用物が商品形態を纏ったことから必然的に生じる制約であって、それはあらゆる商品にとって逃れることのできない宿命である。

商品所有者にとっては、自分の望む使用価値をもつ商品の獲得が交換の推進的動機でもあれば規定的目的でもある。そのため自分の所有する商品に関しては、自らは使用しない使用価値の側面よりも、交換手段——自分の望む商品を手に入れる手段——となり得る交換価値の側面の方が、より重要でより積極的な側面である。したがって商品所有者すべてにとって、交換価値による使用価値の制約という関係よりも、使用価値による交換価値の制約という関係の方が、商品のいわば死活を決するはるかに重大な問題となる。こうしてすべての商品は、交換を目的とする存在でありながらも使用価値による制約のために、直ちに交換を成立させることはできないという内的矛盾をもつことになる。交換されなければ商品はただの無用物となってその生命を失うため、この意味で、あらゆる商品にとって交換とはまさしく"命懸けの飛躍"なのである。

　しかし、商品どうしの交換が、それも全面的な交換が円滑に成立しなければ、全面的商品経済としての資本主義経済は成り立たない。資本主義経済が現に存続しているという事実は、商品世界がこの矛盾を解決し、お互いの交換が全面的に作動できる仕組みを作り上げたということを示している。実際、商品世界はこの矛盾の解決に向けて試行錯誤の過程を経るのであって、最終的には商品世界全体が共同歩調をとることによって、その解決への道を開くことになる。そしてそれが、商品世界が様々に分節化した複雑な構造を作り上げるために必要な、自己組織化に向けての極めて重要な最初の一歩となるのである。

（2）交換要請関係

〈1〉

　すべての商品が抱える使用価値と交換価値との内的矛盾を解決する契機は、商品が他の異なる商品に交換を求めてプロポーズするという交換要請関係そ

れ自体のうちにすでに潜んでいる。ある商品所有者が、自分の望む他の何らかの商品の所有者に対して交換を申し込むという行為は、商品の二つの要素に即して言えば、自分の望む商品を獲得するために自分の所有する商品を交換手段として有効に利用しようとする行為であり、したがって自分の商品の交換価値の側面、その作用的側面からなされる能動的な行為である。しかし、ひとたび交換を申し込んだあとは、交換成立の決定権を相手に委ねて可否の返事を待つだけの受動的な立場に転化する。そのため交換価値の作用的側面は消極化してしまい、逆に、今度は自分の商品の使用価値を相手が求めているか否かが問われるために、自分の商品の使用価値の側面が前面に出て、いわば矢面に立たされて、積極化することになる。

　それとは反対に交換を申し込まれる側は、申し込む側が自分の商品の使用価値を望んでいることから、当初は自分の商品の使用価値の側面に焦点が当てられているのであって、その意味において使用価値が積極的要因である。しかし交換を申し込まれた瞬間から、自分が相手の商品を望みさえすれば直ちに交換を成立させることが可能になる。すなわち、その商品に対する直接的交換力——簡単に言えば、直ちに交換を実現させる力（マルクスの言い方では、直接的交換可能性）——を与えられるため、逆に、自分の商品の交換価値の側面が前面に出て積極化することになる。交換の申込みに対してYESかNOかの判断を下すのは交換価値の側面からなされる行為だからである。

　このように、交換を求める前と求めた後とでは、交換を求める側にとっても求められた側にとっても、使用価値と交換価値のもつ積極性と消極性の関係が対照的に逆転するのである。そしてさらに決定的に重要なことは、交換を申し込む関係が、実は交換を申し込んだ側が交換を申し込まれた側に交換成立の決定権である直接的交換力を与える関係になっている、という点である。逆の側からいえば、交換を求められるということは交換を求めた商品に対する直接的交換力を相手から授けられる、ということに他ならない。

〈2〉

　交換が成立する条件は、使用価値の質的な側面においても交換価値の量的な側面においても、交換当事者相互の私的な利害が一致することである。すなわち第一に、交換を申し込まれた側も交換を申し込んだ側の商品の使用価値を求めていることであり、第二に、二つの商品の交換比率にも双方が合意に達することである。

　この点からすると、ある特定種類の商品のみを所有する１人の商品所有者が、他の何らかの１種類の商品に対してのみ交換を申し込む、いわば〈１対１〉の交換要請関係（マルクスの、簡単な価値形態）は、無数の商品所有者たちの中から自分の欲しい商品を持つ交換相手を見つけ出すことが比較的困難であるという点も含めて、交換の成立自体がまったくの偶然事になってしまうという難点をもつ。無数の独立した商品所有者たちが、それぞれ自分の思惑でばらばらに交換を求め合っている状況下で、しかも同じ種類の商品を所有する者が同時的に多数存在するという状況下で——それが、資本主義経済を抽象化して得られた商品世界において論理的に設定可能な状況である——ただ一つの商品のみに交換対象を絞ったこの関係では、交換が成立するための二つの要件が同時に満たされる可能性は、特に使用価値による制約という第一の最大の関門によって極めて小さくなるからである。たとえ運よく交換を望む商品所有者を探し当てたとしても、すでに同じ商品との交換を済ませた後である場合もあるであろうし、そうでなくとも初めから相手がこちらの商品の使用価値を望んでいない場合も十分考えられる。

　さらに、相手もこちらの商品を望んでいることでこの第一の関門を無事に突破できたとしても、交換比率の合意という第二の関門が控えている。交換を求める側は、例えば『私の所有する米２升とあなたの所有する鮭３尾とを交換して下さい』、あるいは『私の米２升を差し上げますので、あなたの鮭３尾を私にお譲り下さい』というように、自分の商品の交換価値の大きさを、自分の必要量に応じた相手商品の一定分量で表示して交換を求めるが、そのとき提示される交換比率はあくまでも商品所有者の私的な願望を含む主観的

【1】 流通形態

な価値判断に基づいており、そこに多少の弾力性があるとはいえ、交換相手がその割合に合意する保証はどこにもない。さらにまた、交換割合には合意しても使用価値の個別的な特殊性から発生する技術的な問題によって、交換が実現しないこともあり得る。仮りに上の例で両者が交換割合自体には同意したとしても、鮭の所有者が米を1升しか必要としていない場合には、鮭の1尾を半分にして米1升と鮭1.5尾とを交換するという取引は成立しにくくなる。1頭の生きた牛や羊を所有する者が、例えば靴を1足欲しい場合などにも同様の問題が生じる。ここにも使用価値による交換価値の制約という商品の抱える矛盾が、別の側面から現れていることになる。

　商品相互の円滑な交換の成立を妨げている商品の内的矛盾は、1人の商品所有者が同時に多数の異なる商品に対して交換を申し込む、いわば〈1対多〉の交換要請関係（マルクスの、展開された価値形態）でも解決することは困難である。一面では、交換相手を1種類の商品に限定せずに交換を求める商品種を多くするということは、確かに交換可能性の拡大であり交換が成立しないという危険の分散でもある。そのため、交換成立の機会も確率もそれだけ増加するという側面をもっている。したがって、自分の商品の交換価値を発揮する対象がある特定の1商品に限定されない、そのため使用価値による交換価値の制約もその分だけ緩和するという一定の進展はみられる。

　しかし、それにもかかわらず他面では、〈1対多〉の交換要請関係は基本的には〈1対1〉の交換要請関係の単なる寄せ集めでしかなく、〈1対1〉の交換要請関係のもつ限界がそのままそのつどごとに多数回出現することでもある。つまり、全体としては〈1対1〉の交換要請関係のもつ難点を弱める側面があるにはあるが、基本的にはその難点を解消できないままである。それどころか、逆に交換の成立がますます困難になる場合さえあり得る。例えば、1台の車を所有する者が、その車を交換手段として米や野菜や鮭や着物等々を求める場合には、彼の希望が満たされることはまずないであろう。この場合、対象を拡大したことによって、〈1対1〉の交換要請関係よりも使用価値による交換価値の制約はさらに大きくなり、かえって交換の成立はそ

の難度を増しているのである。

　さらに、その他の無数の商品所有者たちも同じように、てんでばらばらに〈1対多〉の交換要請関係を展開することを考え合わせると、たとえ交換が偶然に成立することがあったとしても、多数の交換相手を探し求め、そのつど交換の合意に達するまでの煩雑さや労力や時間は相当なものとなり、その結果、交換の効率性は極めて低い水準にとどまらざるを得ない。これでは交換を求める場である商品市場での混乱は避けられない。こうした交換効率の低さと市場の混乱を抱えたままでは、全面的な商品経済が円滑に作動することはとうていできない。

〈3〉
　他方では、無数の商品所有者が同時的に〈1対1〉や〈1対多〉の交換要請関係を繰り広げている状況は、商品の使用価値の質的差異や必要性の優先順位の差などに基づいて、交換を要請される回数や頻度が商品種によって異なるという状況を内包している。例えば、住宅や自家用車や衣類や食料品などが万人によって同じ頻度で求められるということは、一般には考えにくいことである。交換を要請される回数や頻度の比較的多い商品種は、それだけ多数の商品種から直接的交換力を与えられるため、交換要請回数の少ない商品種と比較してより広範囲の、したがって社会的により一般的な直接的交換力をもつことになる。このように他の商品と比較してより広範な直接的交換力を与えられた商品が登場すると、この商品への交換要請は一段と集中し加速することになる。というのは、直接この商品の使用価値を望んでいなくても、まずはこの商品を入手し、この商品を交換手段として用いることで本来自分が望んでいた商品を獲得しようとする迂回交換あるいは間接交換の動きが、本来この商品の使用価値を望んでいる交換の動きに加わるからである。その結果、こうした商品種間の交換要請回数の大小の差を根拠に、商品世界全体の共同行為として、ある特定の一商品に対して他のすべての商品が交換の要請を集中し、それによって自らの交換可能性——自分で交換を成立させ

る可能性もしくは交換を実現させる力という意味での交換力——を弱体化させるとともに、その代わりその商品に他のすべての商品に対する直接的交換力を独占的に与えるという、いわば〈多対1〉の交換要請関係（マルクスの、一般的価値形態）が成立することになる。

　この関係によって商品交換につきまとう交換価値と使用価値との内的な相互制約の関係は、この選ばれた商品とその他の商品との外的な関係へと転化する。それによって個々の商品自体は、選ばれた商品も選んだ方の商品もすべての商品が、内的2要素の矛盾した関係から解放されることになる。これまでは、すべての商品所有者は相互に独立した自主的な商品所有者として対等な力関係にあり、その外的な対等性が商品の内的2要素の対等な力関係として投影されていたために——交換価値はその商品の所有者の意思を体現し、使用価値に関しては、相手商品の交換価値がこちらの使用価値に向けられるか否かという関係によって、相手商品の所有者の意思がいわばこちら側の商品の使用価値に逆転写するという形で投影されていたのであって——すべての商品は、同等な力で衝突し合うこれら二つの要素の矛盾によって自由に動くことが、したがって自由に交換され合うことができなかったのである。

　しかし、いまや選ばれた商品を除くすべての商品が、この特定の一商品に交換手段としての交換可能性を全面的に移譲することによって自らの交換価値の側面とその力を極小化し、それによって内部の対等な力関係を破壊したのである。いわば、互いに足を引っ張り合う対等な二つの重心をもつことで身動きがとれなかったのに対して、一方の重心を軽くしたことによって身軽になれたといえる。逆に選ばれた方の商品はといえば、二つの重心のうち他の商品が軽くした方の重心を極大化・肥大化させ、それによって他方の重心を相対的に軽くすることが可能になる。その結果、その重心による制約から免れることで身軽になり、直接的交換力を存分に発揮できる準備を整えるのである。こうした、内部の交換価値としての力を弱める代わりに外部の一商品にそれを集中化する〈多対1〉の交換要請関係の成立によって、商品どうしの交換が円滑に作動する仕組みが出来上がることになる。

（3）貨幣形態の成立

　〈多対1〉の交換要請関係において、商品の共同作業の結果、商品世界の中からいわば商品の王様として選ばれて直接的交換力を市場圏ごとに独占した商品が、いわゆる一般的等価物である。歴史的には、金や銀をはじめ、塩、米、布、釘、家畜そして珍しい貝類などもこの一般的等価物に選ばれている。しかし、相対的に限られた市場圏でのみ通用する単なる一般的等価物ではなく、複数の市場圏が統合されて一つの国民経済的規模か、それを上回る規模の大きな市場圏が形成されると、一般的等価物の中からさらにそこで広く一般社会的に直接的交換力を独占する一般的等価物が誕生することになる。それが貨幣あるいは貨幣形態である。通常、この貨幣形態は、国家権力に基づいた強制力と国家的信用とを背景とした貨幣制度として、国家単位ごとあるいは国民経済ごとに制度化され固定化される。この貨幣形態の登場とともに、貨幣商品を除くあらゆる商品の交換価値の大きさは一社会的に、それぞれの商品種1単位ごとに貨幣の量によって一元的に表現されることになる。貨幣との交換比率という形で統一的に表現される商品の交換価値の大きさが、価格あるいは価格形態である。

　歴史的には、（ⅰ）その特有の金属的属性によって、全体が均質であるだけでなく分割や再合一が比較的簡単である、（ⅱ）質的変化が少なく耐久性があるため長期の使用や保存に耐えることができる、（ⅲ）直接的消費が少なく社会的な存在量の減少が避けられる、（ⅳ）少量で大きな交換価値をもっているために取り扱いや持ち運びに便利である、さらには（ⅴ）歴史的に先行する諸々の社会から代々文化的・美術的な貴重品として尊重され蓄積されてきた、といった諸理由から、貴金属の金や銀が、最終的には金が貨幣材料となり、貨幣制度の標準である本位貨幣（正貨ともいう）として定められてきている。各国民国家はそれぞれ異なる一定重量の金に——例えば、かつて日本で純金750mg（0.75g）を1円と定めていたように——円、元、ドル、フラン、マルク、等々といった独自の呼称名を与えることで、グラムや貫・

匁といった素材としての重量単位と区別している。なお、本位貨幣に対して、銀や銅やアルミニウムなどを素材とした小額取引用の貨幣を補助貨幣という。

補注 1

　『資本論』では冒頭の商品論で、商品価値の実体が抽象的人間労働であるという、マルクス流に洗練され精緻化された形での労働価値説が提示されている。スミス、リカードゥらの古典派経済学者から労働価値説を継承し、さらに資本主義に対して批判的立場にある共産主義者としてのマルクスにとって、原理論領域で早急に果たすべき大きな課題の一つは、古典派になし得なかった二つの中心的問題――その第一が労働価値説を前提にした剰余価値論（利潤論）であり、第二が労働価値説と矛盾しない形での自然価格論（生産価格論）の展開である――のうち、とりわけ労働価値説を前提にしていかにして剰余価値（利潤）が形成されるかの解明、すなわち資本・賃労働の階級関係の、まさに心臓部に当たる問題の解明であった。マルクスは、等価交換という商品経済あるいは商品取引のルールを侵害することなく資本家対労働者の関係から剰余価値が発生し得ることを論証するために価値通りの売買を想定し、そのもとでの剰余価値の発生を説いたのであるが、この価値通りの売買の想定のために理論上必要とされたのが、マルクス自身、心底正しいと確信していた、他ならぬこの労働価値説であった。したがって、冒頭の労働価値説は後に展開される生産過程論での剰余価値論のための大きな前提であり、その伏線の役割を果たしているのである。

　しかし論理的な抽象度の極めて高い商品論段階では、スミスやリカードゥと同じく、商品の価値や価格が投下労働量に比例するという形で労働価値説を展開せざるを得なかったために、商品の交換価値や価格が労働量から直接的に規制されるわけではなく本来的には労働量から偏倚しながら動ける、むしろ偏倚して動かざるを得ないという、交換価値や価格のもつ形態としての浮動性が軽視される結果となったのである。この点が、例えば生産価格論の展開のように『資本論』に大きな理論的課題を残す主因になっている。商品の価値や価格のもつ形態的特徴を明らかにし、新たな労働

価値説の論証への道を模索したのが宇野弘蔵であった。本書の基本的な考え方も、宇野弘蔵にその多くを負っている（宇野の考え方に関しては、今なお岩波全書版の『経済原論』が最適の入門書であり最良の教科書である）。

　なお、『資本論』では冒頭の労働価値説の影響もあって、すべての商品はすでに社会的実体としての抽象的人間労働を対象化された商品として、交換されなければならない存在となっている。この意味ですべての商品は交換されることがすでに保証されている関係にあるため、貨幣の必然性の論証を課題とする価値形態論（価値の表現形態論）の基本的な焦点は、商品世界における価値の統一的な表現形態の成立という側面に当てられている。しかし本書では、商品とその交換価値の形態的な浮動性を重要視する立場から、必ずしも商品に交換の成立を保証するものではなく、むしろ交換の成立を妨げている使用価値と交換価値との内的対抗関係を軸に、交換を申し込むことが相手に交換を成立させる力を与えることになるという、交換要請関係のもつ弁証法的な力関係の逆転現象に着目しながら、その焦点を商品世界における円滑な商品交換の仕組みの成立という側面に当てている。

　ちなみに、本書には八つの補注と一つの補論があるが、いずれもそれぞれの領域で、通説的な諸見解とは異なる筆者独自の見解を展開したことに関しての補注であり補論である。（スミス、リカードウ、マルクスの各理論に関してはそれぞれ下記の主要著作を参照のこと。

A．スミス『諸国民の富』Ⅰ・Ⅱ、大内兵衛・松川七郎訳、岩波書店、1969年

D．リカードウ『経済学と課税の原理』『リカードウ全集』Ⅰ、堀経夫訳、雄松堂書店、1972年

K．マルクス『資本論』『マルクス・エンゲルス全集』第23〜25巻、大月書店、1965〜1967年。その他、青木文庫版、岩波文庫版、青木版単行書など多数の翻訳有り。）

Ⅱ　貨幣の機能

（1）購買手段機能

〈1〉

　貨幣形態の成立とともに、商品世界は、商品の内的２要素のうち交換価値の側面を極大化させて交換価値を積極的に代表する貨幣と、反対に交換価値の側面を極小化して、その代わり使用価値の側面を積極的に代表する一般商品とに分裂する。商品と貨幣が使用価値と交換価値に関して、一種の分業体制をしくのである。

　これ以降、一般商品の交換価値の、交換を求めてはたらきかけるという作用的側面は、ただ貨幣に対する交換要請の関係としてのみ限定された形で発揮されるため、交換手段＝他財獲得手段としての有用性も、直接的には貨幣獲得手段に限定されることになる。交換価値の大きさは、"どうぞこの値段で買って下さい"という商品所有者の願望を含んだ、私的・主観的な価値判断に基づく主観的交換価値（量）として、商品１単位ごとに一定額の価格として表現される。値札や正札とは、本来そういうものである。

　他方、貨幣は他のすべての商品から交換可能性（交換力）を全面的に移譲されたために、数多く存在する商品種の中で唯一使用価値からの制約を解除されることになる。そして、その交換価値の側面は一般商品すべてに対する直接的交換力として、したがって直接的かつ全面的交換力として発揮され、貨幣所有者が望みさえすれば、市場内と所有貨幣量の範囲内である限り、いつでもどこでも何とでも希望する商品との交換を直ちに実現できることになる。したがって商品どうしの交換は、実際には貨幣Ｇ（ドイツ語でGeld。以下、特に断りのない限り横文字はドイツ語とする）による商品Ｗ（同じくWare）の購買、Ｇ—Ｗとしてのみ成立し、その裏返しとして、商品にとっては貨幣に対する販売、Ｗ—Ｇとしてのみ成立する。したがって一般商品ど

うしの直接的な交換であるいわゆる物々交換は、例外的な場合を除き一般的には存在し得ない。このように、貨幣のみが商品の購買という形で商品の交換を実現することができるのであって、一般商品を購買できる貨幣の機能が貨幣本来の第一の機能、すなわち購買手段機能である。別の言い方をすれば、それは商品の売買を成立させる機能である。なお、貨幣自体の交換価値の大きさは、貨幣の交換価値が一般商品の購買力として発揮される以上、購買する商品の使用価値量で表現される以外には表しようがない。そのため、実際上はいわゆる物価指数を逆読みするか逆数化することでその大きさや変動を総合的に判断することになる。

〈2〉
　商品の購買、G─Wの成立によって、この値段で売りたいという希望を表している商品所有者の私的・主観的な判断に基づく価格表示は、時にはそれ以上で、時にはそれ以下で、貨幣所有者と商品所有者との交渉のなかでの変動を許容しつつ、一定の価格としてはじめて現実的に確定する。すなわち、量ってみなければどれだけの重さがあるか不明であった物の重さが秤にかければ確定するように、売れてみなければ実際のところどれだけの大きさをもっているか不明であった商品の交換価値の大きさが、"買う＝売れる"ことによって当事者双方の認める大きさの価格としてはじめて社会的・客観的に──それはまだ極めて限定された、1人の貨幣所有者と1人の商品所有者とが取り結ぶ最小単位の社会的関係という個別的な社会性・客観性であるにしても──確定するのである。この意味において、一つ一つのG─Wの関係それ自体が、商品の交換価値の大きさを尺度する商品経済特有の測定装置になっている。このように商品を購買するたびに、商品の交換価値の大きさをそのつどある一定の価格をもつものとして個別的に測定する貨幣の機能が、貨幣の個別的な価値尺度機能である。

　もともと交換価値自体が、人と人との社会関係のなかで成り立つ、物の交換比率として表す以外に方法がない量的性格であるため、その大きさの測定

も人と人との社会的関係であるG—Wを通す以外に測定の方法がないのである。これが、重さや長さや体積といった自然物の測定とは大きく異なる、社会的な量の測定に特有な方法である。この機能は貨幣の購買手段機能と一体化してはたらくのであって、貨幣の購買手段機能を買われる側の商品の交換価値の視点から捉え返したものであるといえる。

　商品の売買関係は、あくまでも貨幣所有者と商品所有者との１対１の個別的な社会関係として成り立つのではあるが、発達した商品経済においては、それぞれの商品種ごとに時間的にも空間的にも無数の独立した買い手と売り手とが商品市場を形成しているのが常態であって、一つ一つのG—Wは他の同じようなG—Wと無関係に孤立して行われているわけではない。むしろ逆に、他の取引を意識しつつそれらと張り合う形で行われるのである。一般的に言って、発達した商品市場ではそれぞれの商品種ごとに出来るだけ自分に有利な取引をしようとする——売り手の商品所有者は、自分の所有する商品を出来るだけ多く、出来るだけ高い価格で販売しようとするし、買い手の貨幣所有者は、自分の所有する貨幣で出来るだけ安く購買しようとする——当事者たちの間で、いわゆる三面的競争関係が繰り広げられている。すなわち、①需要を形成する買い手間の購買競争、②供給を形成する売り手間の販売競争、そして③需要供給の関係を形成する全体としての買い手対売り手の間の競争、がそれである。

　競争はどのような種類の競争であれ、その基本的性格として相互牽制作用あるいは相互抑制作用をもっている。この競争の作用によって、当事者たちはお互いにお互いを規制し合う関係を形成するのであって、商品経済におけるあらゆる法則的規制は、当事者たちが自由な行動の結果として形成する競争という名の、この相互規制関係を通して作用するのである。すなわち購買競争は、他の買い手が自分より先に自分より安く商品を購買するのをお互いに抑制しようとする結果、購買行為を難しくする方向に作用して価格を上昇させる方に圧力を加えることになる。販売競争は、他の売り手が自分より先に自分より高く商品を販売するのをお互いに抑制しようとする結果、販売行

為を難しくする方向に作用して価格を低下させる方に圧力を加えることになる。

こうした競争の生み出す相乗効果として、一般的には、①品不足の場合のように、売ってもらおうとする需要側の競争圧力が売ろうとする供給側の競争圧力を上回るときには、売ってもらう相対的に弱い立場の買い手と、売ってあげる相対的に強い立場の売り手の関係として、商品価格は上昇圧力を受けるので上昇する。この価格の上昇は、一方で購買意欲を弱めて買い手側の競争圧力を低下させ、他方で販売意欲を強めて売り手側の競争圧力を高める。その結果として両方の競争圧力が均衡する場合には、価格はその水準で維持されることになる。逆に、②品余りの場合のように、買ってもらおうとする供給側の競争圧力が買おうとする需要側の競争圧力を上回るときには、買ってもらう相対的に弱い立場の売り手と、買ってあげる相対的に強い立場の買い手との関係として、商品価格は下降圧力を受けるので低下する。この価格の低下は、一方で販売意欲を弱めて売り手側の競争圧力を低下させ、他方で購買意欲を強めて買い手側の競争圧力を高める。その結果として両方の競争圧力が均衡する場合には、価格はその水準で維持されることになる。もちろん、当初から需要側の競争圧力と供給側の競争圧力とが釣り合う場合には、商品価格はその水準で安定することになる。

このように商品価格と需給状況とは市場のなかで相互反応的な連鎖過程を形成しているのであるが、とりわけ商品価格の動向は市場での需給状況を集約的に反映する指標の役割を果たすのであって、いずれの貨幣所有者も商品所有者も、価格の動向を判断の基準とし行動の指針としてお互いに競争を繰り広げながら、そのなかで個々別々に商品の売買を行うのである。その結果、発達した商品市場では、多数の個別的G—Wが展開する競争関係の空間的な広がりや時間的な繰り返しの集積が、次の二つの作用を生むことになる。

第一に、空間的・共時的作用として、それぞれの商品種ごとに価格の凹凸を平準化する方向に作用して、いわゆる一物一価の形成を促進する。このことは、それぞれの商品種ごとに、多数の独立したG—Wがその個別的価値尺

【1】 流通形態

度機能によってそのつど商品の交換価値を様々な価格量として実現し、それによって異なる大きさとして個別社会的に客観化してきた交換価値が、当事者たちの競争でさらに均され平準化されてより広い社会的な客観性を獲得するということを、したがって、商品の交換価値自体も商品種ごとに個別的な交換価値から脱却して社会的な交換価値へと転化する——若きマルクスの言葉で比喩的に言えば、さしずめ商品が類的存在としての自らの類的本質を回復する——ということを意味している。つまり、一物一価とは、同種商品の複数の個別的交換価値が一つの社会的・客観的な交換価値に収束し統一されることに他ならない。交換価値という商品独自の量的性格自体が、その商品に影響を与える社会関係の広がりとともに、よりいっそう社会化し客観化するのである。

　第二に、時間的・通時的作用として、競争のなかでの多数のG—Wの繰り返しは、需給の不均衡を調節する方向にも作用して価格の安定化を促進することになる。すなわち、共時的な一物一価に示される社会的・客観的な交換価値それ自体の通時的な安定化が促進されるのである。これは、時系列的にみても一物一価が促進されることを意味している。一つ一つのG—Wによるそのつどごとの交換価値の価格としての確定化が貨幣の個別的な価値尺度機能であったとすれば、多数のG—Wの総体としての動きがそれぞれの商品種ごとに結果的に果たす、これらの共時的かつ通時的な一物一価の形成作用——個別的交換価値の共時的かつ通時的な社会化・客観化作用——は、貨幣の集団的な価値尺度機能あるいは集合的な価値尺度機能であるといえる。

　ただし、これらの作用は市場自体のいわば即自的作用であって、上で述べた事態も市場の作用の延長線上に想定できることであり、これらの作用によって一物一価とその安定化が直ちに現実のものになるか否かは——ただし、たとえ現実化しない場合でも、市場のこれらの即自的作用が存在していることに変わりはないのであるが——市場の背後にある諸条件、とりわけ生産と流通とからなる需給構造の機動性や柔軟性の程度に依存している。市場の背後に需給の変動に機動的に対応できるような柔軟な需給構造が存在する場合

には、貨幣の集団的な価値尺度機能によってそれぞれの商品種ごとに、いわば絶えず揺らいでいる価格変動の均衡的重心として——ということは、裏を返せば価格の変動自体は完全になくなりはしないということでもあるが——それぞれ一定の大きさの、それなりに安定した価格水準が形成されてくることになる。そしてそのときに形成される商品種ごとの安定した価格水準こそ、個別的な交換価値から脱皮した商品の社会的・客観的な交換価値の最終的な現象形態、すなわち現実世界におけるその最も具体的な可視的存在形態に他ならない。

〈3〉
　ところで、採掘するか採集するかによって貨幣材料の金を直接獲得することの可能な産金業者を除き、大部分の貨幣所有者は、商品経済的にはその貨幣を自分の所有する商品の販売で得る以外に方法はない。そこで、個別的なG—Wをその前後関係を含めた社会的な連鎖のなかで捉え返すと、そのすべてではないにしても、少なくともG—Wの一部は次図のような市場的な連関のなかに置かれていることがわかる。

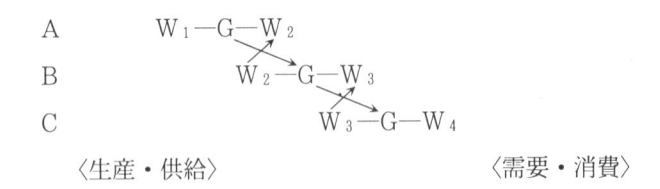

$$
\begin{array}{lc}
A & W_1-G-W_2 \\
B & W_2-G-W_3 \\
C & W_3-G-W_4 \\
\end{array}
$$

〈生産・供給〉　　　　　　　　　　〈需要・消費〉

　この図は、商品W_1の所有者AはそのW₁を販売することでGを得て、このGでBから商品W_2を購買する、そしてW₂の所有者BはW₂をAに販売することでGを得て、このGでCから商品W_3を買う、さらにCは……というように、商品売買の連鎖的関係を表わしている。つまり、AにとってのW_2、BにとってのW_3、CにとってのW_4のように、自分が本来望んでいる商品の獲得が、直接的な物々交換の代わりに貨幣を媒介とした迂回交換の形で間接化してい

ることが分かる。ここでは同一の貨幣Gが商品市場の内部に留まりながらそれぞれの商品の持ち手の変換を媒介し、それによって複数の商品を供給側から需要側へと移行させている。このような商品の流れを商品の流通というが、商品をこのように供給側から需要側へ、あるいは生産側から消費側へと流通させる貨幣の機能が流通手段機能である。この機能を果たす貨幣を特に通貨と呼ぶ。通貨は商品の交換を単に媒介するだけなので、紙幣や補助貨幣などで代用することが可能である。そして、代用貨幣の使用分だけ貨幣としての金（金貨幣もしくは貨幣金という）の使用量が節約され、個人のみならず社会的にも貴重な貨幣金の磨耗や破損や紛失が防げることになる。

なお、流通に必要な貨幣量（通貨量）は、次の定式のように社会の需要を満たすために一定期間に流通しなければならない諸商品の価格総額を、同一額の貨幣が同じ一定期間に流通手段として使用される回数を意味する流通速度で割ることで求めることができる。

流通手段としての必要貨幣量＝諸商品の価格総額／同一名の貨幣の流通速度

したがって、通貨当局によって必要通貨量を超えて通貨紙幣が発行される場合は、貨幣の交換価値が相対的に下がって一般商品の価格（物価）が名目上、相対的に騰貴する現象、いわゆるインフレーションが発生し、逆に、必要通貨量に足りない通貨紙幣しか発行されない場合には、貨幣の交換価値が相対的に上がって名目上、物価が下落する現象、いわゆるデフレーションが発生することになる。

（2）価値保存手段機能

自分の所有する商品を販売して得られた貨幣は、必ずしもその全額を新たな商品の購買に当てる必要はない。さらに商品価格は需給関係の絶えざる変動によって絶えず変動しているため、販売時であれ購買時であれ、予想ある

いは予定の価格で売買が成立するとは限らない。したがって予定よりも高い価格で自分の商品を販売できたり、予定よりも安い価格で欲しい商品を購買できたりする場合もあり得る（もちろん、その逆の場合もあり得る）。こうした機会に残った貨幣を使用する必要のない場合には、その貨幣は商品市場から引き上げられて退蔵されることになるが、この貨幣はその所有者にとって商品の購買に当てられる貨幣とは異なった性格と意味をもつことになる。

　商品の購買、G—Wを行う貨幣所有者にとって、その貨幣、つまり購買手段としての貨幣は自分の欲しい商品を得るために使用されるのであり、その人にとっての優先順位は貨幣よりも入手したい使用価値をもつ商品の方にある。この意味で、使用目的が限定されていてやがて手放さざるを得ない購買手段としての貨幣は、その所有者にとっては購買する商品の使用価値に制約された不自由な存在である。それに対して商品の購買に充てる必要のない貨幣は、どの商品の使用価値にも制約されていない、いわば使用価値全般から解放された自由な存在である。しかも貨幣所有者が望みさえすれば、あくまでもその貨幣量の範囲内においてではあるが、必要に応じていつでもどこでも市場内に存在する自分の望む商品に、自由に、しかも直ちに変換できるものであり、この意味で潜在的には質的に万能の使用価値をもっていることになる。

　これにより、使用目的のない商品経済的富（交換価値をもつ財貨一般）は、商品経済的な合理性に基づく限り、使用価値的にも交換価値的にも何かと制約の多い一般商品の現物形態で蓄えられることはなく、永続的に流動性あるいは直接的な可処分性を保持することのできる貨幣金の形で蓄えられることになる。このように使用価値だけでなく交換価値をもほとんど損なうことなく保存する手段として使用される貨幣の機能が貨幣の価値保存手段機能である。この機能を果たしている貨幣を特に蓄蔵貨幣あるいは退蔵貨幣という。もちろん、広大な砂漠の真っただ中で金貨が何の役にも立たないように、蓄蔵貨幣が購買手段として通用する商品市場がそばに存在しなければこの機能は無意味になるが、その点を除けば蓄蔵貨幣の唯一の限界は量的な限界だけ

であり、ここから蓄蔵貨幣所有者が自分の貨幣に対して一般的に抱く量的増大への絶えざる強い欲求が生じることになる。というのは、自由な貨幣のもつ魅力はそれを持った者でなくては分からないからであり、そしてひとたびその魅力を味わった者は貨幣の魔力の虜となって、大概の場合その魔力の増大を目指そうとせずにはいられなくなるからである。貨幣は商品世界の王様から神様へと昇格して、ここに貨幣物神とそれを崇める貨幣教およびその信徒たちの誕生となる。そして商品経済で暮らす者は誰しも、好むと好まざるとに拘わらず、多かれ少なかれ貨幣教の信徒となるのである。

　こうした貨幣の量的増大への強い欲求は、さしあたりは自分の所有する商品のより一層の積極的な販売努力と、それによるさらなる貨幣獲得に向けられることになるのであるが、それはやがて商品の販売をよりいっそう拡大することのできる新たな取引関係の形成をもたらすことになる。

（3）支払手段機能

　蓄蔵貨幣の存在はその所有者に、その貨幣量に応じて当分の間、新たな貨幣の獲得がなくとも自分の生活や仕事なり事業なりを継続していける経済的な余裕をもたらす。この経済的余裕と、同じ取引相手との間での恒常的な商品売買の関係から醸成された相手への信認とが結びつくと、新たな商品売買の形である信用売買の関係が発生する。すなわち、その場での現金（貨幣金）の支払いを猶予する、いわゆる掛売り掛買いの関係である。この信用関係（法的には債権債務関係）は、約束の期日に約束の貨幣を支払うことによってのみ清算されるのであって、支払いを一般商品で代用するいわゆる現物支払いは商取引のルール上、一般には通用しない。このとき過去の売買の決済のために支払われる貨幣の果たす機能が支払手段機能である。商品経済においては、国際的な支払いや税金をはじめとした各種の支払いも、一般的にはこれに準じて貨幣で行われることになる。

この信用売買の関係は、信用買い（掛買い）する受信者側と信用売り（掛売り）する与信者側との双方に、商品経済的な利点をもたらす。受信者側の利点は、言うまでもなく現金なしでも必要な商品が入手できる点である。この商品によって受信者側は、生活なり仕事なりの継続や拡大が可能となる。与信者側の利点は、第一に、現金払い販売だけの場合よりも信用販売の分だけ自分の商品の販売が拡大され促進されるという点、したがってそれだけより多くの貨幣の獲得が可能となり、さらに同業他者との販売競争で優位に立てるという点である。第二に、自分も逆の立場、つまり受信者となってこの信用売買の関係を利用できるという点である。それもただ単純に受信者となって信用買いができるという側面だけでなく、自分が与えた信用を利用して信用買いが可能になる側面も生じるのである。信用売買の場合、受信者は一般的に取引成立時に商品代金の支払約束証書として商業手形（商品手形）を振り出すのであるが、これを受け取った与信者は、これに裏書保証を与えて自分の欲しい商品の所有者である第三者に再び振り出すことで、この第三者からその商品を信用買いすることができる。さらにこの第三者は、連鎖的にその手形で自分の入手したい商品を信用買いすることができるのである。このように、手形が満期日を迎えるまでは——あくまでも日常的な商取引関係から生じた、相手への信認に基づく限定された流通範囲内においてではあるにしても——手形が一種の通貨としての機能を果たすことになる。これがやがて信用貨幣の基礎となるのであるが、いずれにせよ、これもまたいわば一種の副産物として、貴重な貨幣金の個人的かつ社会的な節約をもたらすこととなる。

（4）資金機能

　日本では古くから、例えば軍資金という言葉があるように、元々何らかの活動や目的のための元手となる貨幣のことを資金というが、商品経済におい

【1】 流通形態

ては、たとえそれが何であれ新たな経済的な活動を起こすには、まずは目的に適(かな)うだけの量の貨幣を資金という形で準備する必要がある。この準備は、貨幣ほどの耐久性や信頼性あるいは可処分性や流動性をもち得ない一般商品の現物形態ではまず不可能であって、貨幣のみがその役割を十分果たすことができる。これが貨幣の最後の機能、資金としての機能である。

貨幣は商品世界に占めるその特権的な地位に基づいて、購買手段、価値保存手段、支払手段といった一般商品では不可能な、貨幣でしか果たすことのできない特別な社会的機能をもつにいたる。これは貨幣としての金が、その自然的・金属的属性に基づいて本来的にもっている使用価値——例えば、万年筆のペン先や指輪やメッキ用や貨幣材料の金等々、として用いられる場合の使用価値——とは別に、いわば社会的な特殊な使用価値を付加されたことを意味している。一般に、使用価値と交換価値があればどのようなものであれ、それだけで商品になる要件を満たすことが可能である。この意味で、貨幣が新たに獲得した特殊な社会的使用価値も、それを取引する交換関係に取り込まれると商品形態をとることができる。すなわち貨幣は、貨幣商品として在りながら本来の商品性とは別に新たな商品性を得たことになる。貨幣はこれらの社会的な機能を社会的使用価値として商品化することで、金儲けの手段、すなわちその交換価値を増大させる価値増殖手段となり得るのである。

蓄蔵貨幣所有者の貨幣増大への強い欲求と貨幣機能の商品化とが結びつくと、少なくとも蓄蔵貨幣の一部は金儲けのための資金に転化することになる。このように交換価値のさらなる増大を目的とした活動のために準備された資金は、すでに資本としての出動態勢を整えた貨幣といってよい。そして、それが実際に出動して首尾よくその交換価値を増大することができたとき、それは実際に資本、すなわち自己増殖する交換価値の運動体となるのである。

補注 2

　貨幣の価値尺度機能と流通手段機能は、購買手段機能と並ぶ独立した機能として、購買手段機能とは区別して説かれることがあるが、それらの機能は、購買手段としての機能あるいはその一部を別の異なる角度から捉え直した機能である。したがって、購買手段機能の別の側面であると考えられるため、本書では購買手段機能に内包させて説明してある。もちろん、購買手段として機能している貨幣がすべて流通手段として機能しているわけではなく、その一部が流通手段として機能しているのであるが、逆に、流通手段として機能している貨幣はすべて購買手段としても機能していることに変わりはない。そのため、流通手段機能を購買手段機能の一部派生的な機能と捉えても矛盾はないと考えられる。

　また価値尺度機能に関しては、個別的な機能と集団的な機能との２段階に分けて捉えているが、それは、個々の購買が果たす交換価値の価格としての現実的な確定作用と、それらの市場的な集積が果たす一物一価を形成する作用および価格安定化作用、さらにその結果としての価格水準の形成作用——本論での言い方でいえば、共時的かつ通時的な一物一価の形成作用——との関連と違いを明確にするためである。これまでは貨幣の個別的機能と集団的機能との違いが明確にされずに同列に論じられていたために無用な混乱や見解の相違が生じていた、と考えた結果の処置である。なおG—Wは、言うまでもなく貨幣だけの行為ではなく商品と貨幣との共同作業であるが、これを貨幣の機能として捉えるのは、特権的な地位にある貨幣だけが商品の売買を成立させることができるからである。

【1】 流通形態

Ⅲ 資本の形式

（1）金貸資本形式

　商品経済のなかで暮らす者は誰しもその主観的な思惑とは関係なく、貨幣形態の登場とともに商品世界で質的に万能の力をもつ貨幣の獲得を、多かれ少なかれ追求することにならざるを得ない。程度の差はあれ誰もが貨幣教の信徒となる、それが商品経済で生きる者の存在被拘束性というものである。したがって、商品経済的富の普遍的体化物（マルクス）である蓄蔵貨幣は、その所有者が自覚するしないに関わらず、その所有者に対して単なる貨幣所有者以上に貨幣の量的増大への強い欲求を抱かせずにはいない。そして蓄蔵貨幣の所有者のうち商才を持つ者や起業心に富む者の一部は——人には個人差があるため、蓄蔵貨幣の所有者全員が同じ行動をとるとは限らない——他人に自分の貨幣を一定期間だけ貸し付けることでこの量的な増大を現実化することになる。これが、G…G′の形で定式化される金貸資本形式の資本である。なお、この形式の資本は、歴史的に存在していた金貸資本の性格からその論理的な特徴を示す側面を論理的な必要性に応じて——つまり、資本主義経済の中心的な運営主体となる資本、とりわけ産業資本を論理的に開示する手続き上、押さえておくべき諸要素を——抽象化したものである。

　この形式の初めのGが貸し付けた貨幣で、…が貸し付けている期間であり、この貨幣が所有者から離れてその手元にないことを、したがって資本としての運動が一時中断していることを示している。最後のG′は貸し付けた貨幣Gとその増加分 ΔG（⊿は増加量を表す数学記号で、⊿Gをgで表すこともある）との合計、G′＝G＋⊿G　であり、はじめのGが⊿Gだけ増加して回収されることを表している。この⊿Gは、ここでは増加した貨幣量で存在しているが、抽象的には交換価値の増殖分であるため、商品や貨幣という交換価値の具体的な存在形態にこだわる必要のない場合には、この増殖分を

39

一般的には剰余価値（Mehrwert、mやMで表す）という。そして、貨幣の形で存在しているこのΔGが、金貸資本形式の資本の利益あるいは利潤を示す、いわゆる利子（Zins）であり、したがって、$\Delta G/G$（$\Delta G \div G$）が$G \cdots G'$における交換価値の増殖率を示す利子率となる。始点のGも終点のG′も質的に差のない同じ貨幣の形をとって存在している交換価値なので、貨幣のみからなるこの$G \cdots G'$の形式は、資本の推進的動機と規定的目的とが金儲けという形での自己増殖であるという資本の本質を最も純粋に、それゆえに最も端的に表わしている。

しかし、…という運動の一時的中断が示しているように、$G \cdots G'$は、資本が交換価値という同一主体の自立した連続的運動体であるという、資本の自立性や動的側面や連続性を示すには不十分である。したがって、この意味で資本としてはまだ過渡的な、あるいは中途半端な形式である。この資本としての未熟さ・未完成さは、利子の直接的根拠が貨幣の貸付という行為以外の、金貸資本家自身が連続して行う何らかの商品経済的活動のうちにあるのではなく、貨幣の一定期間の使用権という特殊な商品を販売している、つまり一種の販売行為、W—Gをしているに過ぎないという点に示されている。販売条件のなかに一定の期間という時間的要素が加わっているために、この点が見えにくくなっているとはいえ、$G \cdots G'$は、貨幣のもつ特殊な社会的使用価値——購買手段・支払手段・資金という社会的機能——を商品化して一定の期限付きで販売することで、あるいは貨幣と一体化した社会的使用価値という特殊な商品を一定期間販売することで、価値増殖を成し遂げているのである。

商品経済で生きる人々の大半は、多かれ少なかれ他人のお金を必要とする局面に一度ならず立たされるのであって、借り手のうち、ある者はその貨幣を生活上あるいは仕事上必要な商品の購買に充て、またある者は支払期日を迎えた支払いのために用い、またある者は商品経済的な事業用の資金として用立てるのである。このように貨幣のもつ社会的使用価値に対する需要がなくなることは決してなく、$G \cdots G'$の活動する余地は商品経済のどこかに必

ず存在しているのである。しかしこのことは、G…G′の利子の根拠がこの資本自身の継続的な運動にあるのではなく、貨幣自体の社会的機能にあるということ、あるいは貨幣の社会的機能を使用した借手側の商品経済的な活動にあるということであり、資本が貨幣の商品性あるいは借手の活動に寄生しているということに他ならず、この資本の寄生的性格を象徴的に示すものといってよい。

　この金貸資本形式の資本は、その貸付利子率が適度な場合は、借手の商品経済的な活動を補強し促進することで商品経済のさらなる発展に寄与する。したがって、間接的ではあるが交換価値の社会的客観化、すなわち一物一価の形成とその安定化をも側面から補強し促進することになる。しかし高利の場合は、逆に借手の負担を重くして商品経済的な活動を弱めることになり──歴史的には、高利の取立てが相手の商品経済的な基盤を弱体化させるだけでなく、非商品経済的な経済的基盤そのものをも弱体化することでその社会を支えていた経済的な基盤を侵食し、それによって次の商人資本とともに旧社会の解体を促進したのであるが──結果的に商品経済の発展を阻害するという、相反する二面性をもっている。公定歩合の上下を通して景気を調節しようとする金融政策（公定歩合政策）の根拠は、原理的には、金貸資本形式の資本のはたらきが商品経済に与える効果の、このような両面性・両義性にある。

（2）商人資本形式

　金貸資本形式の資本G…G′が、貨幣のもつ特殊な社会的機能を期限付きで販売することで、つまり特殊な商品ではあるがW─Gで利子を得るのに対して、自ら積極的に商品市場に出動し、商品の購買G─Wと販売W─Gとを一つの運動として結びつけ、貨幣の機能を販売するのではなく一般の商品を販売することで自己増殖する資本が、G─W─G′の運動形式をもつ商人資本

形式の資本である。なお、この形式の資本は、金貸資本形式の資本と同じく歴史的に存在していた商人資本からその論理的な特徴を示す側面を論理的な必要性に応じて抽象したものであるが、論理展開上は、蓄蔵貨幣所有者の一部か金貸資本形式の資本から貨幣を借り受けた者、さらにはG…G′自体からの参入者が、この資本の運動を開始したものと考えてよい。

　この資本は商品を"安く買い高く売る"ことで、その価格差を増殖分の⊿Gとする。この⊿Gがいわゆる利潤（Profit、Pで表す）であり、したがって⊿G／Gが、G―W―G′の増殖率を示す利潤率（P′で表す）となる。この形式は、購買と販売という二つの流通行為の組み合わせのみで成り立っているため、交換価値が同一主体として運動のなかに留まり続けながら、貨幣―商品―貨幣という姿態変換運動を展開することを端的に示すとともに、資本が完成した自立的運動体としては、まずは流通形態として生まれてくることを最も典型的に表している。

　商品市場は、価格の動きを行動指針にして、てんでばらばらに自由に自主的に行動する無数の独立した商品所有者と貨幣所有者とが織り成す世界であって、そこでは人は、商品と貨幣という物的手段を媒介としてのみお互いの経済的な社会関係を取り結ぶほかはない。そこには市場全体を俯瞰して掌握するような統一的な組織も計画性もない。無政府的でなおかつ不均質な状態が商品市場の本来的な状態であって、それぞれの商品種ごとに、時間的にも空間的にも大なり小なりに需給関係の変動が絶えず生じている。そのため、このような需給の変動を反映して商品価格にも時間的・空間的に大なり小なりに不断の変動が生じることになる。

　商人資本的形式の資本は、こうした商品市場と商品価格の絶え間ない変動を利用しながら、より安い時・所で買い、より高い時・所で売ることによって、一方では、時間的にも空間的にも複数の商品市場を結びつけ――歴史的には、この資本のこうした側面が、金貸資本とともにすでに商品経済に取り込まれている国々や地域だけではなく、非商品経済の社会や地域に対する攻撃的・収奪的な接触を生み、それらの商品経済化を促進するとともに、それ

を通してそれらの旧来の社会組織を解体する作用も果たしたのであるが——同時に他方では、購買価格と販売価格との差額を自らの利潤として得ることが可能となる。

　しかしこのことは、G—W—G′の運動を通して、G—Wの行われる相対的に安価な市場ではこの資本が買い手に加わることで需要を増やし、その分、商品価格を押し上げ、W—G′の行われる相対的に高価な市場では売り手に加わることで供給を増やし、その分、商品価格を押し下げるはたらきをしていることを意味している。すなわち、G—W側の市場においてもW—G′側の市場においても、その他の諸条件を一定とすれば、この資本の売買量の分だけ需給の格差が均されるということ、それゆえに両市場間の価格差もそれだけ縮小する作用を受けるということである。それによって、商品市場の不均質性や不均等性もその分緩和されることになる。

　このことは、第一に、交換価値の社会的な客観化作用、すなわち一物一価の形成作用に対して、共時的にも通時的にも単純な貨幣所有者や商品所有者の競争関係が果たす役割を超えた、それ以上の積極的な役割を果たすことになる。というのは、G—W—G′は商品の売買を専門的に行う資本であるため、単純なG（貨幣所有者）やW（商品所有者）よりもより機動的かつより広範囲に活動可能であり、取り扱う商品種も多種類で、取り扱う商品量もより大量であるからである。したがって、需給の不均衡に対してより迅速かつより効果的に対応することが可能となる。一物一価の形成とその安定的な維持には、商品市場の背後に柔軟な需給構造が必要であるが、この柔軟な需給構造自体はさらに柔軟な流通構造と柔軟な生産構造とから成り立っている。そして、このG—W—G′が、そのうちの柔軟な流通構造の形成に大きな役割を果たすことになる。ところが第二に、このことは、商人資本形式の資本は活動すればするだけ自らの運動によって自らの活動基盤を弱体化し、利潤の根拠である商品価格の時間的・空間的な市場間格差を縮小していくということを意味しているのであって、商人資本形式の資本は、必然的に自己矛盾する、背反的性格をもたざるを得なくなる。

さらに、G…G′が貨幣のもつ質的に差のない比較的安定した社会的機能を販売するのに対して、G—W—G′は、G—Wで貨幣をいったん特殊な個別的使用価値しかもたない商品Wに換えるため、その使用価値の特殊性によって多額の利潤を獲得することが可能となる反面、場合によってはこの商品の使用価値からの制約を受け、例えば使用価値の損傷などによって壊滅的な影響を受けざるを得ないことになる。また、商品Wを自ら生産するわけではないため、その供給は外部に大きく依存しなければならない。したがってG—W—G′の運動は、商品Wの供給状況にも大きく左右されることになる。こうした外部依存性がこの形式の資本の安定的な活動と価値増殖とを妨げるのである。Wによる使用価値的制約とWの供給に関する外部依存性とは、G—W—G′の投機的性格を生む原因になるとともに、この資本の利潤率が不安定に乱高下する原因にもなっている。それは、貨幣のもつ一般性のある社会的使用価値を販売することによって、G—W—G′よりは安定した増殖率で利子を得ることのできるG…G′とは対照的な違いをなしている。

（3）産業資本形式

〈1〉

　G…G′が金融部門を、G—W—G′が商業部門を活動分野とするのに対して、生産部門を活動分野とする資本が、G—W…P…W′—G′（Pは生産過程 Produktionsprozess を示し、W′は剰余価値を含んだ商品であることを示す）の運動形式をもつ産業資本形式の資本である。なお、この形式の資本は実際に存在している産業資本のもつ論理的な特徴を示す側面のなかから、特に金貸資本形式や商人資本形式との異同を示す部分を論理的な必要性に応じて抽象化したものであるが、論理展開上は、蓄蔵貨幣所有者の一部か金貸資本形式の資本から貨幣を借り受けた者がその貨幣を資金として、さらにはG…G′やG—W—G′からの参入者が、この資本の運動を開始したものと考えてよい。

【1】流通形態

　この形式の資本は、商人資本形式の資本が"安く買い高く売る"ことで利潤を得るのに対して、"商品によって商品を生産する"、それも"安く作り高く売る"ことで利潤を得るのである。しかし商品の生産には、一般商品として購買できる物的生産要素だけではなく、そのほかに働き手として、労働者という人的生産要素が必要である。ただし、人格的に独立した自由な商品所有者としての諸個人の社会的存在を前提として成り立つ資本主義経済においては、労働者も人格的に独立した自由な商品所有者として存在しているのであって、労働者自体を、例えば奴隷のように商品として買うことは不可能である。

　労働者が一人の商品所有者として販売することのできる商品は、労働可能性としての労働力か、もしくは実際の労働かのいずれかであるが、資本家は一般商品の購買時のように、労働者の実際の労働——生産手段を持たない労働者には、この労働からしてもはや無理なのではあるが、それは措くとして——を吟味し、その後で労働者との交渉を通して労働量やその良し悪しに応じてその値段を取り決め、それからその労働を購買するのではない。たとえ事前に双方で値段を取り決めていたとしても、商品としての労働ならば売れるまでは労働者の所有する商品として基本的には売り手である労働者の自主的な管理下で行われるのであって、買い手である資本家の指揮・監督・命令・指示という管理下でなされるわけではない。したがって、労働者が販売するのは実際の労働ではなく、労働可能性としての労働力ということになる。資本家は労働者が実際に働く前に賃銀を取り決め、これから実際に働いてもらうために雇うのである。このとき資本家が手に入れるのは、あくまでも労働者の、これから労働を行うことができる能力としての労働力あるいは未来の労働としての労働力であり、したがって実際的には契約の範囲内で自由に労働者を働かせることのできる権利である。その後、実際に労働が行われても、労働者は自分の行った労働に関してはそれを商品として売るどころか、何ら権利を持たないのである。この本質は、賃銀の後払い方式である労賃形態が成立しても変わることはない。

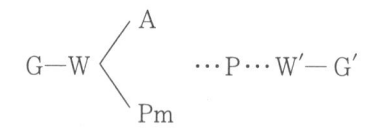

かくして労働者は、販売可能な商品として自分の労働力を所有している——逆に言えば、売るべき商品をそれしか持たない——特殊な商品所有者として、商品世界にその独自の位置を占めることになる。この労働力を商品として売買するには、労働力自体の商品化は言うまでもなく、それに基づく労働市場の存在が、一般商品市場とは別に必要となる。労働力商品は人間の生身と一体化している独自な商品で、その使用価値は現実には労働力の行使としての労働そのものであり、その交換価値は、労働力の提供と引き換えに労働者が資本家から受け取る賃銀である。したがって、G—W…P…W′—G′の形式は労働力という独自な商品の購買を含むのであって、一般商品の購買とは区別してさらに次のように、より具体的に形式化することができる。

$$G-W\Big\langle{A \atop Pm}\cdots P\cdots W'-G'$$

（Aは労働力Arbeitskraftを、Pmは生産手段Produktionsmittelを示す）

　この形式の資本家は、購入した労働力と生産手段とを自分の工場内や作業場内で自分の指揮・監督の下に結合し、投下した貨幣額を超える価格で販売できる商品を生産する。そしてそれを市場で販売することで利潤を獲得することができる。
　さらに商人資本形式の資本が特定の商品種にこだわることなく、より有利な商品の売買にその資本を投下するように、産業資本形式の資本も特定の商品種や特定の産業部門にこだわることなく、より有利な商品種の生産や産業部門にその資本を投下する。また、技術的に可能で採算が取れれば、特定の使用価値に限定されることなくどのような使用価値をもつ商品でも生産できるという意味では、ちょうど金貸資本形式の資本がどのような使用価値でも買える貨幣を取り扱うことから特定の使用価値からの制約を免れているように、この形式の資本も特定の使用価値からの制約を巨視的・長期的には免れ

ることになる。形式的にも、一定の時間経過の後に価値を増殖する点——金貸資本形式はG…G′として、産業資本形式はW…W′として——にも類似性があり、この点をさらに敷衍(ふえん)すれば、あくまでも形式上の類似性ではあるが、G—W…P…W′—G′は、G…G′とG—W—G′との統合として、すなわち、G—W（G）…P…W′（G′）—G′、として捉えることも可能である。ただし実際上は（G）と（G′）の部分は労働量と置き換えられることになる。（なお、このような形式的な類似性以外に、実際上の産業資本も、産業資本形式の資本としての性格や特徴を基本にして、出来るだけやすく買い、出来るだけ高く売るという点では、G—W—G′の商人資本形式の性格や特徴をも兼ね備え、遊休資金も価値増殖に利用するという点では、G…G′の金貸資本形式の性格や特徴をも兼ね備えた、つまりあらゆる機会を捉えて価値を増殖しようとする多面的・複合的な資本として存在することになる。それは、利潤の最大化を目指して可能な限り効率のよい価値増殖を追求する資本としては当然のことである。）

〈2〉

　このように、商人資本形式の資本および金貸資本形式の資本の性格と特徴を合わせもつ産業資本形式の資本が、実際に経済の主要部分（基幹産業）を取り込み、その結果として資本による生産方法が社会的に支配的な生産様式になったとき、資本主義経済が一つの自立した経済体制として世界史上、初めてイギリスに誕生したのである。しかし、そのためには16世紀から18世紀にかけての資本主義の重商主義段階期に推し進められた、いわゆる資本の原始的蓄積過程（本源的蓄積過程）と呼ばれる歴史過程によって、イギリス内部で少なくとも次の三つの主要な条件が整えられる必要があった。

①　大航海時代を通して形成された地球的規模での商品経済の発展を活動基盤にして、海上の覇権を握った（七つの海を征服した）ことを背景に、おもに外国貿易や外国からの収奪によって獲得された莫大な資金の蓄積。

② 旧封建社会の基本的生産関係である領主対農奴の身分的な支配・被支配関係の解体と、その結果形成された二重の意味で自由な——被支配的な封建的身分関係からも自由で生産手段からも自由な（働く術からも無縁な）、したがって自分の労働力を商品として売る以外に生活の方法を持たない——無産労働者階級の存在、つまり、労働力商品の現実的形成。
③ 紡績機械や蒸気機関の発明によって幕をあけた18世紀中葉から19世紀20年代にかけての産業革命と、それによって"疾風怒涛"の如く社会に拡大していった資本家的経営による機械制大工業がもたらした圧倒的な生産力水準の達成、その結果としての旧生産様式の壊滅。

こうして歴史の表舞台に躍り出た産業資本は、商品によって商品を生産する資本として、その運動の内部に生産過程を包摂し、その時点での科学力・技術力の発展水準の枠内においてではあるが、生産過程を根拠に需要の変化に対して商品の生産量の増減を通して柔軟に対応することが可能となる。すなわち、資本としてはじめて、柔軟な需給構造の形成にとって要となる柔軟な生産構造を作り上げることが可能となったのである。貨幣の集団的な価値尺度機能が実際に効果的に作用するのに必要な現実的条件である柔軟な需給構造の形成も、したがって、商品の社会的・客観的な交換価値の現象形態である商品種ごとの一定の価格水準の形成も、この資本の登場とその一社会的な拡大・浸透とによってはじめて実現可能となる。

ところが、商品種ごとに異なるこの価格水準自体の大きさ・高さは、商品市場の需給関係だけでは説明不可能である。市場が安定していて、ある商品は1万円で売れ続け、また別のある商品は10万円で売れ続けているとき、この1万円と10万円との価格差の理由や原因に関して市場の需要供給関係それ自体は何も教えてくれない。市場が果たしているのは、それらの商品の価格を1万円や10万円に落ち着かせることである。この事態は、商品の社会的交換価値あるいはその現象形態である一定の価格水準を貫いて、各商品の社会的交換価値の大きさを規定する量的な何らかの要因が、商品の市場的な関係

の深層もしくは背後に潜んでいることを示している。

　実際、資本主義経済の商品には、それが恒常的に再生産可能な通常の物的商品である限り、絶えず変動する交換比率（価格）の深層に交換価値の大きさを間接的に規定する——間接的にというのは、交換価値の大きさを個々の商品ごとに直接規定するのではなく、市場での商品と貨幣との個別的関係を通してしか規定的な作用を及ぼすことができないからであるが——いわばその商品の窮極の値打ちとでも言うほかはない社会的生産全体に連なる不可視の量体系と量基準とが存在しているのであって、各商品の個別的な交換価値はこの不可視の量体系・量基準に規制されながら、その規制の及ぶ一定の範囲内で揺れ動くことになる。そして、商品種ごとに形成される1万円や10万円といった価格変動の重心としての一定の価格水準こそ、事象の深層に存在する不可視の量基準が作用していることの現実的な証明に他ならないのであって、このことはさらに、他ならぬ一定水準の商品価格として現象する商品の社会的・客観的な交換価値こそが、この量基準を受け止めている当のものであることを意味しているのである。

　こうした点に鑑み、産業資本の論理舞台への本格的な登場によって、以後、
① 　商品の交換価値の大きさがこの社会的量基準に従って社会的・客観的な交換価値、いわば基準的交換価値になっている場合を単に価値と呼んで、その大きさが必ずしもこの基準に従っているわけではない場合やその大きさにこだわる必要性がない場合の、一般的な呼び方である交換価値とは区別することにする。したがって広義の交換価値は、質的側面として（ⅰ）交換手段＝他財獲得手段としての有用性を指し示す場合、量的側面として、（ⅱ）価値から偏倚(へんい)している場合の交換価値（主観的交換価値や個別的交換価値の大部分がこれに当てはまる）を指し示す場合、そして（ⅲ）基準的交換価値としての価値を指し示す場合、の3通りを内包する外延的概念（包括概念）となる。
② 　特に断りのない限り各商品はその基準的交換価値の通りに、つまり価値

通りに、価格変動の基準になる一定の価格水準で売買されているものとする。(これらのことは、逆に言えば、交換価値の大きさやそれを唯一目に見える形で表すことのできる価格形態が価値からの量的な偏倚を伴うことを含意している。むしろ、実際上はどの商品の交換価値も価値から偏倚しながら変動せざるを得ないのであって、交換価値や価格の量的側面がもつこの乖離性あるいは弾力性こそ交換価値の本質的特徴であり、それが商品経済のもつ柔軟な適応能力の基礎的条件になっている。価値は、あくまでも交換価値や価格が絶えず揺らぐことによって形成する動的な均衡のなかにのみ存在しているのである。)

産業資本は、生産を内部化したことに基づいて、個々の独立した運動体でありながらも市場を通した全体的な関連の下に一社会的に柔軟な生産構造を作り上げる主体となる。そしてこの柔軟な社会的生産構造こそ、価値が一定の価格水準として現象するために必要な現実的基盤に他ならないのであって、柔軟な社会的生産構造の形成は、商品の交換価値を規制する社会的生産全体に連なる不可視の量体系と量基準とを構造化することと表裏一体の関係になっているのである。あるいは、各産業資本は社会的生産を担うことによって資本主義経済の運営に中核的な役割を果たすのであるが、それは社会的生産に埋め込まれているこの量基準を充足することによってはじめて果たされるのであって、産業資本の運動はもとより商品の交換価値も、社会的生産が内包する不可視の量体系と量基準とに根底から規制されることになる、と言い換えてもよい。

　以下、こうした諸点を視野におさめつつも、まずは社会的生産を担当する主体となる個別的な産業資本を対象として、その価値増殖の実質的な根拠、すなわち"安く作り高く売る"ことが可能な理由を含め、あらゆる個別的産業資本に共通する一般的な性格と運動の仕組みをさらに立ち入って明らかにしなければならない。

補注 3

　資本の運動形式論は、『資本論』のマルクスをはじめ、すべての論者によって、商人資本（形式）、金貸資本（形式）、産業資本（形式）の順に展開されている。それは基本的には資本の歴史的な発生順に即したものであるが、本書では、貨幣論からの論理的な繋がり——貨幣の特殊な使用方法から資本が発生するという連続性——と、単純なものからより複雑なものへ、未熟なものからより成熟したものへ、過渡的なものからより本格的なものへと展開していく論理の自然な流れを重んじる、という二つの理由から、金貸資本形式、商人資本形式、産業資本形式という論理展開を採用している。すでに成立している資本主義経済の存立構造を解明するにはその断面図が必要であるが、その断面図が、あたかも個体発生が系統発生を繰り返す生物のように歴史的な発展順序に従わなければならない必然性はない。商品経済の歴史的な発展は商品経済外の様々な条件に大きく左右されてきたのであって、商品経済の論理だけでは説明の不可能な複雑な、さらには商品経済ごとに異なる、発展過程をたどることになる。したがって、商品経済の歴史的な発展がそのまま商品経済の論理を必ずしも正確に反映しているとはいえないことになる。

　確かに、歴史的には非商品経済との接触の際には貨幣の最も単純な購買機能さえ必要のない物々交換でも行動できる商人資本が先に発生し、かなりの商品経済の発展をみた後で金貸資本が登場することになるが、それは貨幣のもつ諸機能自体が発達した商品経済のもとでなければ発達しない、したがって未成熟な商品経済においては貨幣のれっきとした機能としては社会的にはっきりとは認識されないからである。そのような状況下では貨幣を貸し付けて貸し付けた貨幣以上の貨幣を要求する行為は理解不能であり、それゆえに、利子を取ることは歴史上の一時期、反社会的・非人道的行為として禁止されることにもなったのである（だがこの事実は、かなり発達した商品経済下で利子が社会的な容認を受けるはるか以前から、すでに金貸業が存在していたことをも物語っている）。

　しかし、資本主義経済を分析対象とする経済原論では、すでに冒頭で分析対象の資本主義経済が抽象的にではあるが全面的商品経済として前提されているのであって、そうした全面開花するまでに発達した商品経済の下では、貨幣もその機能を十分——社会の当事者たちが誰しも認めざるを得

ないまでに――開花させているものとして考えてよい。そうした状況下では、貨幣のもつ諸機能を販売してその代価を利子として得る行為も社会的な容認のもとに成り立つのである。とすれば、蓄蔵貨幣を所有しなおかつその量的な増大を熱望している貨幣所有者が、自己の所有する一般商品の販売による貨幣の獲得以外に、商品経済的な合理性に基づいて最も自然に最も無理なく考えるのは、一人の商品所有者として自分の特殊な商品を販売すること、すなわち自分の所有する貨幣の社会的な機能を一定の期限付きで販売することである。資本は、形式的には最も単純な行為である販売から芽生え、次いで購買と販売とを結びつけることで本格的な運動を開始し、ついには経済の基層をなしている生産部門を包摂するに至るのである。本書ではこうした認識に立って、金貸資本形式の資本の分析から資本形式論を始めている。

【2】 個別資本の運動過程

Ⅳ　個別資本の生産過程

（1）労働生産過程

〈1〉

　人の行う最も根源的な営みの一つである労働は、その一側面として、古代の奴隷制社会においてであれ、中世の封建制社会においてであれ、近代の資本主義社会においてであれ、歴史上の様々な社会形態とは直接には関わりのないどのような社会にも共通する一般的な構造と性格をもっている。

　労働を行う主体はいつの世も、程度の差はあれ、労働の意義と目的、その作用や役割を意識しつつ労働に能動的に関わることのできる人間である。つまり、自分がいま何をやっているのかを自覚できる人間である。だからこそ、人間は牛馬や道具・機械等々を使用できるのである。物の生産において、物理的には人間よりもはるかに大きなエネルギーを発揮しているにもかかわらず人間に使われる立場のそれらと、発揮できるエネルギーこそ小さいがそれらを使う立場の人間との決定的な違いは、ここにある。したがって、労働過程の主体的・能動的要素は、物的生産要素を使う立場にある人間そのものであり、より正確に言えば、人間の心身的諸能力の総体そのものとしての労働力であり、さらに、それを必要に応じて目的意識的かつ合目的的に支出する実践的活動としての労働それ自体である。

　それに対して、人間の労働力が支出される対象としての労働対象と、人間と労働対象との間にあって人間の労働力の作用を強化し倍化して、より効率的に労働対象に伝達する手段としての労働手段は、ともに人間に利用され使用される立場にあり、したがって、労働過程の客体的・受動的要素をなして

いる。労働対象としては、大地・森林・河川・海洋といった自然的環境——そこにはすでに人手の加わった田畑・牧場・植林地・養殖場等々も含まれる——と、紡績用の綿花や製鉄用の鉄鉱石などのように、それ自体が人間の労働の生産物である原材料、さらには石炭・石油・等の燃料、機械の潤滑油、染料・塗料、といった補助原料も含まれる。労働手段には、人間と労働対象との間に入る生産用具としての道具や機械類をはじめ、人間の労働をより安全により効率的にする建物や空調・照明などの設備類、さらには広く道路・港・運河なども含まれる。

人間の労働は、その結果として物質的な成果を残す場合と残さない場合があるが、人間の労働を通して直接・間接に何らかの有用物が物質的な生産物として形成される場合には、その生産物からの反射規定として、その人間の労働は生産的労働となり——それに対して、物質的な生産物が直接的にも間接的にも形成されない場合は不生産的労働もしくは非生産的労働という——労働対象と労働手段はともにその生産物を生産するための手段として、生産手段となる。同様に、労働過程そのものも生産過程となる。以後、人間の労働によって生産物が形成される過程を、主体（人間）・客体（生産物）の両側面を統一した表現として、一括して労働生産過程と呼ぶことにする。

人間が自然との間の物質代謝でしかその生命を維持することのできない物質的生命体であり、さらに物質的手段を用いて諸々の活動を行う存在である以上、人間の存在と活動には、社会と歴史によりその質・量は様々であるとはいえ、必ず物質的な生産物が必要となる。"人はパンのみにて生くるにあらず"という聖書の有名な言葉は、人がパン（物質的生産物）で生きることを前提としてはじめて成り立つ言葉である。人の生存・社会の存続は、社会的な一般原則としては、他の何にもまして優先されなければならない。したがって、物質的生産物を獲得するこの労働生産過程の維持は、人の生存と社会の存続にとって他の何よりも優先すべき自然必然的な大前提となる。歴史上のあらゆる人間社会が、この労働生産過程の社会的編制を基軸にして組み立てられていることの根拠も、それゆえに、生産力と生産関係を規定する労

働生産過程の具体的内容とその社会的編制様式がそのまま社会の形態を決定づけていることの根拠も、労働生産過程が人と社会に対してもつこの根源的な重要性にある。

〈2〉

　人間の労働力は、その生活や活動に必要な種々様々な有用物の生産に支出されるが、それらの生産にあたっては、生産する有用物の使用価値の種類に応じて、数多(あまた)ある生産手段のなかからその生産に必要な生産手段を選択しなければならない。選択した生産手段は、その生産手段を使用するのに適合した労働力の支出方法や作業様式を技術的に規定するため、労働対象を変形・加工して目的通りの使用価値を備えた有用物として生産するためには、人間は否が応にもその規定に従わざるを得ない。その結果、こうした技術的条件に規定されて生産する使用価値ごとに労働力の支出形態は異なってくる。このように使用価値を形成し、したがって使用価値の具体的な差となって現れる労働の質的・種類的な差異を示す人間労働の側面を、具体的有用労働という。紡績労働・織布労働・指物労働・裁縫労働……といった具体的な名称で呼ばれるときの労働は、すべてこの具体的有用労働の側面を指し示している。
　それに対して、使用価値ごとに異なる労働の具体的な差異を捨象し、どのような使用価値をもつ有用物を生産しようが、労働する人間は労働・生産にひとしく主体的・能動的に関わるという一点においては同等な立場にあるという、この意味での質的同一性で捉えた人間労働の側面、あるいは人間の労働こそが労働生産過程の主体的要素であるという同一の抽象的資格性で捉えた人間労働の側面が、抽象的人間労働である。この抽象的人間労働という側面で人間労働を捉えることで、様々な具体的有用労働の質的差異はもとより、同じ使用価値を生産する場合の熟練度や労働強度の違い、過去の労働と現在の労働（新規労働）との違い、さらには、精神労働と肉体労働との違い、といった様々な違いをともなう人間労働は、ただ量的にのみ異なる抽象的人間労働に還元されてしまうことになる。その結果、同種労働であれ異種労働で

あれ、それら相互の量的な比較や合算が可能となるのである。

このように、すべての人間労働は具体的有用労働と抽象的人間労働という二つの側面をもつのであって、これを労働の二重性という。労働の二つの側面はそれぞれ労働生産過程では異なったはたらきを示すことになる。例えば、1人の生産者が6kgの綿糸を生産するのに、6kgの綿花と紡績機1台を用いて6時間の紡績労働が必要であり、さらに原料の綿花には20時間の綿花栽培労働が対象化されていて、6時間の紡績機の使用によって生産中に消耗（磨耗）する過去の機械製造労働が4時間であるものとする（こうした量的処理が、すでに人間の労働の一面として抽象的人間労働の側面が存在していることを示している）。そうすると、6時間の新たに行われる紡績労働──この新規労働は、すでになされた労働が過去の労働、死んだ労働、蓄積労働、対象化労働、体化労働などと呼ばれるのに対して、現在の労働、生きた労働、直接労働と呼ばれることがある──は、一面では具体的有用労働として、特定の取り扱いや操作が必要な綿花と紡績機を適切に用い、さらにそれらに適合した作業様式で労働力を支出し、それによって綿花を目的に適った綿糸としての使用価値を備えた6kgの綿糸に加工する、同時にそれによって綿花と紡績機消耗分が含んでいた合計24時間の過去の抽象的人間労働を綿糸の形で保存するのである。他方、抽象的人間労働の側面では、この24時間の過去の抽象的人間労働に、区別のない同じ抽象的人間労働──異なった諸個人の労働であっても、労働に主体的に関わるという点で同じ立場にあり同じ役割を果たしている対等な人間どうしの労働という意味で同一の抽象的人間労働──として、さらに6時間の新規労働を追加して、総計30時間の抽象的人間労働を含む綿糸を生産するのである。

ところで、抽象的人間労働を前提とした、こうした労働量の比較や合算の際にその基準となるのは、その時点で各種の生産物ごとに存在する社会的に標準的な生産手段や生産方法を用い、社会的に平均的な労働の熟練度と強度とをもってその生産物を生産するのに必要な労働量（時間）、すなわち社会的必要労働量（時間）である。そして、どのような社会においても、そうす

ることが必要である限り、経験的・慣習的なものを含めて社会の大多数が妥当なものとして認めるか認めざるを得ないそれなりの換算方式があり、この方式に基づいて社会的平均的な生産性を上回る個別労働は、平均を上回る高い比率の量的評価で社会的必要労働量に換算され、それを下回る個別労働は、平均を下回る低い比率の量的評価で社会的必要労働量に換算されるのである。後にみるように、資本主義経済ではこの換算が、G—Wによる市場での貨幣評価を通した特殊な方式で行われることになる。

〈3〉
　一人の人間あるいは一つの社会が行うことのできる総労働のうち、その一部は、世代交代を含めた労働力の継続的な再生産のために必ず費やされなければならない。というのは、労働力は社会を支える労働生産過程にとって必要不可欠な人的生産要素であり、それゆえに、労働生産過程の継続に必要なこの労働力の確保は人間が生存し社会が存続していくための自然必然的な根本条件であるからに他ならない。この労働力は、労働主体が家族と共同生活をすることで再生産されるため、労働力の再生産のためには、労働主体を含めた家族全員が消費する衣・食・住その他諸々の生活物資が必要となる。さらに生活物資の生産には生産手段を用いるため、その生産手段の生産も必要となる。さらにまたその生産手段のためには……というように、一人の人間あるいは一つの社会が行うことのできる総労働のうち、生産に携わる者とその家族の生活に必要な生活物資を生産するのに直接・間接に必要とされる労働部分を必要労働といい、その大きさを必要労働量（時間）という。そして特定の時代・特定の社会においては、労働主体とその家族の生活に必要な平均的・標準的な生活物資の質と量は、その社会のもつ諸条件と諸関係とに基づいてほぼ一定水準に決定されているのであって、それによって必要労働量も規定されることになる。

　それに対して必要労働を超えてなされる労働部分を剰余労働といい、その大きさを剰余労働量（時間）という。この剰余労働は、人間そして社会がさ

らに進歩・発展するための物質的前提でもあれば、物質的な財貨の生産に直接的にも間接的にも携わらない、その他の社会成員の生活を支える物質的根拠でもある。奴隷制・封建制などの階級制度も、さらには後述のように資本主義下での資本・賃労働および地主の階級関係も、物質的・経済的にはこの剰余労働の存在を前提としてはじめて成立するものである。

(2) 価値形成増殖過程

〈1〉

$$G-W \begin{cases} A \\ Pm \end{cases} \cdots P \cdots W'-G'$$

の形式で運動を展開する産業資本は、一般の商品市場で必要な諸々の生産手段を購入し、労働市場では必要な労働力の担い手である労働者を雇用する。

　労働力の交換価値の大きさは賃銀で表わされるが、この賃銀に関しても他の一般商品と同様に労働市場での三面的競争——①労働者間競争、②資本家間競争、③労働者対資本家間競争——によって社会的に平準化作用が働くため、一定の時・所ではそれなりに弾力性のある一定の水準が形成されることになる。すなわち、労働力商品に対する需要が供給を上回る場合には、働いてもらう相対的に弱い立場の資本家と、働いてあげる相対的に強い立場の労働者との関係として、労働者を雇おうとする資本家間の競争圧力が仕事を求める労働者間の競争圧力より相対的に強くなるため、賃銀は上昇圧力を受けて上昇する。逆に、需要が供給を下回る場合には、働かせてもらう相対的に弱い立場の労働者と、働かせてあげる相対的に強い立場の資本家との関係として、雇ってもらおうとする労働者間の競争圧力が雇おうとする資本家間の競争圧力より相対的に強くなるため、賃銀は下降圧力を受けて低下する。両者間の競争圧力が釣り合っている場合には、賃銀はその水準を維持すること

になる。こうした賃銀の変動のなかに、その基準として一定の賃銀水準、いわゆる賃銀の相場が形成されるのである。

　資本家による労働者の雇用の際には、労働の種類や場所、労働時間、賃銀額とその支払い方法等の労働諸条件を取り決めた労働契約（雇用契約）が労使双方の間で結ばれる。資本家によって別々に購買された労働力と生産手段は、直接・間接を問わず資本家が指揮監督・統制する労働生産過程で結合され、利潤の見込める新たな商品を生産するのである。それとともに労働生産過程は、資本の運動の一過程として資本主義経済独自の新たな社会的性格を帯びることになる。それは、使用価値（有用物）が交換関係に包摂されると交換価値という新たな社会的性格を帯びて商品になるのと同じような関係にある。

　産業資本の運動を構成しているG―WとW′―G′はそれぞれ商品の購買と販売という流通活動、簡単に言えば商品の交換であり、そこでの統一的量形式は交換価値あるいはその貨幣的表現としての価格である。それに対して間に入るW…P…W′は労働生産活動であり、そこでの統一的量形式は労働である（正確には抽象的人間労働であるが、前後の文脈によって抽象的人間労働であることが明らかな場合は、このように労働と略記することがある）。したがって量形式という観点からすれば、順に交換価値→労働→交換価値という過程をたどる産業資本は、交換価値と労働というまったく異なる性質をもつ二つの量形式をもち――前者は人対人の、後者は人対自然の、異なる関係のなかでの量規定であり量形式である――それらを自分の運動の内部で結合することによって、労働を資本にとっての本来の量形式である交換価値に同化する、もしくは交換価値として処理するはたらきをしていることになる。労働が交換価値に同化され交換価値として処理される点は、形式的にも産業資本の運動が交換価値で始まり交換価値で終わるという点に、あるいは、交換価値を投入して再び交換価値が産出されるという点に、端的に示されている。いわば産業資本は、その内部で労働を交換価値に転化させ、労働量を交換価値量に換算する一種の変換装置に他ならず、労働はこの変換装置をく

ぐることによって交換価値として処理されるのである。

　産業資本がほぼ全面的に社会的生産を担っている資本主義経済では、労働量を交換価値量に変換する関係が、それも、交換価値の基準となる価値——実際には価格変動の重心としての一定の価格水準として現れる価値——に変換する関係が、通常はそれなりに一社会的に安定的かつ持続的な構造として成立している。（この場合は、交換価値の大きさは基準的交換価値、すなわち価値と一致するため、前述の通り交換価値を単に価値で表すことにする。そして、文脈によって交換価値の大きさにこだわる必要のない場合はこれまで通り広義の交換価値を使用する。）

　したがって、産業資本によって労働（量）が価値（量）として処理されるこの事態は、人間社会にとってはより古くから存在し、より根源的かつより普遍的な関係である労働が、逆に、労働よりは新しく、より派生的かつより特殊歴史的な関係である価値を形成する事態として捉え直すことができる。この意味において資本主義経済においては労働が、それも具体的有用労働の側面ではなく、正確には抽象的人間労働の側面が、価値を形成する実体——古典派的な表現では、価値の源泉——となっている。なぜ抽象的人間労働かといえば、すべての商品に共通する量的性格としての価値のもつ同質性に対応することができるのは、すべての人間労働に共通する量的性格としての抽象的人間労働がもつ同質性であるからに他ならない。異質性を特徴とする使用価値に対応する具体的有用労働が、同質性を特徴とする価値に対応しないのは明らかである。こうして、価値の実体・価値の源泉を抽象的人間労働とみなしても矛盾の生じない構造が資本主義経済では通常の場合は一般的に成り立っているのであって、それと同時に労働生産過程も、価値や交換価値を生み出すものとして価値形成過程という独自の社会的性格を与えられることになる。（ただし、価値の実体・源泉は確かに抽象的人間労働ではあるが、後に見るように、資本の競争がもたらす特殊資本主義的条件により価値量は必ずしも実際の労働量には正比例しないことになる。しかしこのことは、価値の実体が抽象的人間労働であるということをいささかも損なうものではな

い。それは、電動機の出力が必ずしも実際の消費電力に正比例しないからといって、出力の源泉が電力であることをいささかも損なうものではないのと、まったく同じことである。）

〈2〉
　しかし、産業資本は単に抽象的人間労働を価値の源泉として処理する、あるいはその労働量を価値量に変換することを通して労働という異質物を自分に同化させて価値を生み出す、というだけではない。産業資本も価値増殖を経済的本能とする資本である限り、投入した価値以上に増殖することを最大の目的としているからである。

　いま、市場的要因による外部からの内部への攪乱的影響を捨象するために、あらためて、労働力商品を含めてすべての商品が価値通りに、すなわちそれぞれ一定の価格水準で安定的・持続的に売買されているものと仮定して、外部との直接的関連から切り離されたW…P…W′の内部過程を見ることにする。この処置によって内部過程の分析においては、価格は捨象可能となり、この過程での唯一の量形式であるとともに、いまや価値の源泉でもある労働量——以下、単に労働量あるいは社会的労働量という場合は、すべて抽象的人間労働量を指している——に焦点を絞って分析をすればよいことになる。

　先ほどの労働生産過程での紡績労働が資本の下で行われていて、労働者1人当たりの、家族を含めた1日の平均的な生活物資の生産に投入された必要労働量が合計6時間であるものとし、さらに、1日の労働時間がこれと同じ6時間であったとすれば、次のようになる。

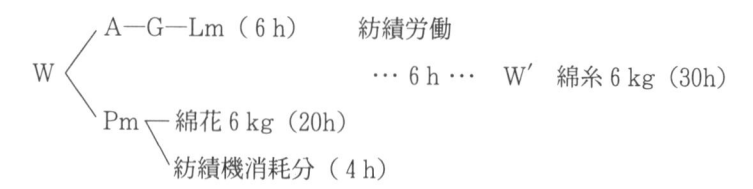

$$W \begin{cases} A-G-Lm（6h） \\ \\ Pm \begin{cases} 綿花6kg（20h） \\ 紡績機消耗分（4h） \end{cases} \end{cases} \begin{matrix} 紡績労働 \\ \cdots 6h \cdots \quad W'\ 綿糸6kg（30h） \end{matrix}$$

（Lmは生活物資（生活手段）Lebensmittelを、6hは6 hoursの略で6時間の社会的労働を含むことを表している。その他のhの意味も同じである。）

ここで注意すべきは、まず、便宜的に付加したA―G―Lmの部分は、労働者が資本家にその労働力を販売した代わりに賃銀を受け取り、その賃銀で必要な生活物資を購買することを表しているが、この行為は資本の運動とは切り離された行為であって資本の内部過程である生産過程とは直接には関係のない、したがって資本にとっては外部の行為であるという点である。労働者は資本家の指揮・監督の及ばない私的生活の場で賃銀を必要生活物資の購買に充て、それを私的に消費することで結果的にその労働力を再生産しているに過ぎない。

次に注意すべきは、綿糸の生産に直接に関わるのは、労働力のみならず綿花も紡績機も交換価値の側面ではなく使用価値の側面であるという点である。交換価値やその大きさとは関係なく、これらの生産要素が適切に組み合わされてそれぞれの使用価値が有効に作用することによってのみ、綿糸は生産されるからである。したがって、各生産要素のもつ交換価値は生産過程の入り口で、いわばいったん御破算されてしまい、新生産物が首尾よく使用価値を備えて完成するにつれて、この例では新生産物が商品としての綿糸として出来上がるにつれて、過去の価値も含め、新たな価値として蘇生するのである。それゆえに、新生産物の生産に失敗すれば、生産に要した諸要素のもっていた価値は蘇生できず失われてしまうことになる。ただし、例外時を除き、通常は商品としての生産は首尾よく果たされ、さらにそれが社会の必要としている商品である限りは無事に売却されるため、価値としての実現も保証されている。そのため、結果的・表面的には生産過程中も当初の価値が引き続き

自動的に保存され自動的に新商品に移転していくものとみなしても支障はない。それでも実際は、労働の具体的有用労働の側面で使用価値を形成しながら、いったん清算された生産手段の価値を新商品の価値の一部として復活させつつ、それと同時に抽象的人間労働の側面で新たな価値を形成することで、既存の価値に新価値を付加しているのである。いわば旧価値を新商品の価値として新たな労働で焼き直しているのであって、価値形成過程はこの焼き直しによって旧価値に量的な変化が生じる可能性を常に孕んでいる。これが価値形成過程で行われていることの真相に他ならない。まさしく労働という生きた炎をくぐらなければ、資本の価値は新たな生命を吹き込まれないのである。

先の例に即して言えば、6時間の新規労働である紡績労働が、具体的有用労働の側面で綿花6kgの含む過去の労働20時間と紡績機消耗分の過去の労働4時間との合計24時間を、綿糸6kgの生産に必要な30時間の労働の一部とすることで、それらの価値を綿糸の価値の一構成部分として蘇生させる。同時に他方では、抽象的人間労働の側面で過去の労働24時間に新規労働の6時間を付加することで、この6時間の労働が形成した新価値を綿糸の価値の一構成部分として追加するのである。この関係は、たとえ価値量に変化が生じる場合でも、価値量がゼロにならない限りは妥当する。この点は、次の価値増殖過程においてもいえることである。

〈3〉

しかし1日の労働が6時間のこの場合、この紡績資本家にとっては労働者の得る6時間の必要労働を含めて合計30時間の労働を投入し、結果として合計30時間の労働を含む綿糸を得ただけで、労働量（価値実体量）の観点からは損得ゼロということになる。つまり、失うものもない代わりに得るものもない。ところがすべての資本家は、その時点での生産に関する技術的条件と価格をはじめとした市場的条件とから、価値増殖が確実視される商品種や産業部門を選択するだけでなく、経験的に価値増殖が十分に可能な労働時間で

労働者と雇用契約を結ぶのであって、いまその契約労働時間が1日12時間であったとするならば、この場合の価値形成過程は次図のようになる。

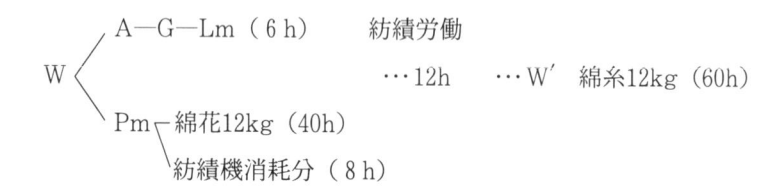

$$W \begin{cases} A-G-Lm\,(6h) & 紡績労働 \\ & \quad\cdots 12h \quad \cdots W' \; 綿糸12kg\,(60h) \\ Pm \begin{cases} 綿花12kg\,(40h) \\ 紡績機消耗分\,(8h) \end{cases} \end{cases}$$

　ここでは12時間の紡績労働が、具体的有用労働の側面では、綿花・紡績機消耗分それぞれの過去の労働40時間と8時間の合計48時間を綿糸の生産に必要な60時間の労働の一部とすることで、それらの価値を綿糸の価値の一構成部分として蘇生させ、抽象的人間労働の側面では過去の労働の48時間に新規労働の12時間を付加することで、この12時間の労働が形成した新価値を綿糸の価値の一構成部分として追加するのである。原料の綿花と紡績機械の消耗分は労働時間に比例して消費されるため、それぞれ12時間労働の場合は6時間労働の場合の2倍必要となる。しかし、労働力に関しては1日分、つまり12時間分が買い切りなのでそれ以上は1銭たりとも追加して支払う必要はない。したがってこの場合、この紡績資本家は、投入労働の54時間と産出労働の60時間との差にあたる6時間の労働を増殖分として得ることができる。そしてこの6時間の労働が、労働者が1日に行う12時間の労働と労働者に還元される6時間の必要労働との差、つまり剰余労働であることは明らかである。

　結局、産業資本は、内部過程における労働という量形式の観点でみれば、労働力の使用価値と交換価値との較差を商品経済的に利用して自己増殖を実現していることになる。すなわち、労働力の使用価値の実際的発揮である1日の労働量と労働力の交換価値を規定する必要労働量との差を剰余労働量として獲得し、この剰余労働量の分だけ増殖することができる。これが産業資本における価値増殖の究極的根拠であり、これとともに資本の下での労働生産過程は、単なる価値形成過程に留まらず価値増殖過程という独自の性格を

帯びることとなる。価値を形成するとともに増殖するという意味で、価値形成過程と価値増殖過程とを統合して価値形成増殖過程という。それは、労働過程と生産過程とを統合して労働生産過程と呼ぶのと、決して同じではないが、表面的には似た関係にある。

（3）資本主義的生産方法の基礎

〈1〉

$$G-W\begin{cases}A\\Pm\end{cases}\cdots P\cdots W'-G'$$ の形式で運動を展開する産業資本は、その価値増殖の根拠を一般商品とは異なる独自の性格を持つ労働力商品——その使用価値が自らの価値を上回る価値を形成できるという独自性——にもっている。そのため賃銀として労働力商品の購入に充てられる資本部分は、当初の投下資本量を上回る価値を生み出すことでその大きさを変化させることが可能なため、可変資本（variables Kapital、vやVで表す）という。それに対して労働対象や労働手段の購入に充てられる資本部分は、そもそもそれらが含む過去の労働が新規労働の媒介によって新生産物の生産に要する労働の一部とされる関係にあるため、結果的・表面的にはそれらが含む価値もその大きさを変えることなく新生産物に移転・吸収されるものとみなされるので、不変資本（konstantes Kapital、KapitalのKと区別するために通常はcやCで表す。英語のconstantと同じ）という。

また、価値の増殖分である剰余価値は産出価値に当たる新生産物の価値とその生産に投入された価値との差、

　　　　剰余価値＝産出価値－投入価値

つまり、

$$剰余価値 = 生産物価値 - 投入価値$$

であるが、剰余労働が新規労働と必要労働との差であるように、新規労働によって新たに形成された価値と労働者の手に渡る可変資本部分の価値との差、つまり、

$$剰余価値 = 新価値 - 可変資本価値$$

として表すことができる。このときの可変資本価値に対する剰余価値の割合を剰余価値率（m'で表す）といい、

$$剰余価値率 = 剰余価値 / 可変資本価値 \quad あるいは \quad m' = m/v$$

で定式化される。この剰余価値率を価値の実体である労働量表示にすると、

$$剰余価値率 = 剰余労働時間 / 必要労働時間$$

となる。

　この定式から明らかなように、剰余価値あるいは剰余価値率は、必要労働時間が一定ならば剰余労働の大きさによって、したがって1日の労働時間（これを労働日とも言う）の長短によって決定され、1日の労働時間が一定ならば必要労働時間の長短によって決定される。剰余価値にせよ剰余価値率にせよ、これらの概念は、生産過程を軸にした内部過程における新規労働あるいは新価値をめぐる資本家対労働者の基本的な階級関係を経済学的に表す最も基礎的な概念である。（ただし、後に触れるように、剰余価値も剰余価値率も内部過程での労働量表示と外部過程での価格量表示とでは、労働量と価値量との関係と同じく、量的な比率に乖離が生じることになる。それは、労働量を価格量に変換する際に資本主義独自の市場的な調整作用が外部から介入してくるからである。）

資本の経済的本能は価値増殖であるが、それも単に増殖するだけでなく可能な限り大きな増殖を求めるという本能である。増殖を大きくするには剰余価値を大きくする以外に方法はない。この剰余価値は必要労働を超過して行われる剰余労働によって形成されるため、剰余価値を大きくするには剰余労働を大きくしなければならない。それには1日の労働時間を延長して労働力の総支出量を増やせばよい。このように必要労働時間を超える労働時間の延長によって形成される剰余価値を絶対的剰余価値といい、労働時間の延長によって剰余価値を増やすことを絶対的剰余価値の生産という。また、労働時間そのものは同じであっても、一定時間あたりの労働力の支出量を増やす労働の強化も労働力の総支出量を増やすことになり、結局は労働時間の延長と同じはたらきをして同一の結果を生む。そのため労働強化によって剰余価値を増やすことも、絶対的剰余価値の生産といえる。

　しかし、労働時間の延長や労働の強化によってm／vのmを増大させる絶対的剰余価値の生産は、1日が24時間しかないために労働時間をそれ以上には延長できないという物理的な限界は言うまでもなく、それ以前に労働者の肉体的・精神的な限界によって制約をこうむるため、継続的な長時間労働は不可能である。さらに、一定限度以上の労働は逆に作業能率の低下を招いて労働生産性を低下させるため、資本の価値増殖に悪影響を与えることになる。したがって絶対的剰余価値の生産という方法だけでは、資本による生産は早晩、頭打ちの状態となって行き詰らざるを得なくなる。そこで、労働時間の延長や労働強化とは別に、剰余価値の増大を実現できる方法が求められることになる。そして絶対的剰余価値の生産に代わるその方法が、相対的剰余価値の生産である。

　相対的剰余価値とは、労働時間や労働強度は一定のままにして労働力の総支出量を変えずに可変資本部分の価値を減少させ、その分だけ剰余価値の占める割合を大きくすることで得られる剰余価値のことである。例えば1日の

労働が12時間の場合に、必要労働時間が、①6時間と②4時間の場合とでは、剰余価値および剰余価値率は、労働量表示では――この場合、剰余価値は剰余労働とせざるを得ない――それぞれ、

 ①では、 12－6＝6時間、6／6＝100％、
 ②では、 12－4＝8時間、8／4＝200％

という違いが生じる。②の場合には①と比較して、8－6＝2時間 の剰余労働が形成する価値が相対的剰余価値ということになる。

 しかし、可変資本価値の減少は労働者に支払う賃銀の減少を意味している。賃銀の減少は、一般的には労働者家族の生活維持費自体が減少したときにのみ可能であるが、そのためには労働力の再生産に必要な生活物資が以前より少ない社会的労働量で生産できなければならない。それには生活物資生産部門全体にわたる生産性の向上が必要であり、さらにそのためには生活物資の生産に使用される生産手段の生産部門全体にわたる生産性の向上が必要となり、結局は社会の全生産部門における生産性の向上が必要となる。逆に言えば、社会的生産力が上昇すればするほど必要生活物資の生産にはますます少ない社会的労働量しか必要とされないため、それだけ必要労働時間が減少して相対的剰余価値の生産が増加することになる。

 このように相対的剰余価値の生産を進展させる社会的生産力水準の上昇は、そのもたらす効果を予測した賢明な資本家たちの集団的な合意や談合によってもたらされるのではなく、そこには個々の資本家を生産性の向上に駆り立てずにはいない積極的な利己的動機が存在している。それこそが特別剰余価値の獲得である。他よりも生産性の高い生産技術や生産方法を採用した資本家は、他の資本家と比較して同一の投下労働量でより多くの商品を生産することが可能なため、一物一価の状況下ではその分だけ他よりも多くの剰余価値を形成することができる。この一般的水準より優秀な生産力によって形成

される一般的水準を上回る大きさの剰余価値が特別剰余価値であり、これが一般的な利潤を上回る利潤である超過利潤の根拠となるのである。

　ところがこの特別剰余価値は、その根拠である他よりも生産性の高い優秀な生産技術や生産方法が社会的に普及して一般化するとともに、それが社会的に正常な、あるいは標準的な生産技術や生産方法となるため、やがては消滅してしまう性格のものである。すべての資本家がこの特別剰余価値を懸命に追い求めるのは、直接的には超過利潤を獲得し、それによって他の資本家との競争を有利に進めるためであるが、特別剰余価値のもつこの過渡的性格にもその理由の一端がある。資本家としては、稼げるうちに稼いでおかなければならないのである。資本主義経済が、歴史上の他の経済様式と比較してごく短期間のうちに爆発的発展とでも言う以外にない驚異的な物質的発展を遂げることができた秘密もここにある。この特別剰余価値の存在こそ、資本主義経済の発展を強力に推進する資本主義独自の原動力に他ならない。

〈2〉

　このように生産性を高めることでより優位な立場に立てる資本が、生産性を高めるために資本主義経済下で一般的に採用している基礎的な生産方法として、協業・分業・機械制大工業がある。

　協業とは、同一生産過程あるいは相関連する複数の生産過程で多数の労働者が一緒に労働する形態である。協業は、1人の労働者では物理的に不可能な作業を可能にしたり、共同作業によって労働の効率を高めたり、あるいは生産手段の無駄を削減したりするという利点をもつ。この協業は、同一生産過程であっても作業工程が増えて作業内容がよりいっそう複雑になると、すべての労働者が同じ作業を行う単純な協業から分業に基づく複雑な協業へと発展する。

　分業、それも社会的分業ではなくいわゆる個別的分業あるいは工場内分業は、資本家の統一的な管理統制下に置かれている個別資本内部での労働生産過程を、その諸々の工程に分割する作業様式、すなわち複数の作業工程を細

分化・部分化し、それぞれの工程を各労働者に専門的に担当させる労働形態である。この分業によって労働は単調な作業にまで単純化され規格化されるため、作業能率は飛躍的に向上する。しかし、それとともに生産部門によっては熟練労働や複雑労働が複数の部分的な簡単労働・単純労働に解体されるため、長年の訓練と経験が必要な熟練労働者は不要となり、未熟練の労働者でも担当可能となる。その結果、資本の下への労働者の従属が一段と進むことになる。なお、分業に基づく協業という生産方法を採用した歴史上の具体例がいわゆるマニュファクチュア（工場制手工業）である。しかし、マニュファクチュアは従来の手工業の生産手段を使用していたため、同じ生産手段を使用する独立生産者の手工業生産や独立生産者を利用した問屋制手工業などの他の生産形態を駆逐することはできず、資本による生産を社会の支配的な生産様式にするまでには至らなかった。それを可能にしたのが機械制大工業である。

　機械装置は、（ⅰ）直接自然エネルギーを利用した水車や風車、熱エネルギーを利用した蒸気機関や電気エネルギーを利用した電動機などを動力源とする原動機と、（ⅱ）原動機の運動を調節・変化させながら作業機に伝達・配分する歯車・ベルト・シャフトなどからなる伝達機、および（ⅲ）最も重要な部分である、労働対象に働きかけてそれを変化・加工する作業機（道具機とも言う）、の三つの部分から構成されている。この機械装置を主要な労働手段とする機械制大工業は、産業革命の成果を積極的に活用して機械を軸に分業に基づく協業を高度な形態で大規模に実現したものである。この機械制大工業によって、分業化が困難な部門や部署になお残存していた複雑労働や熟練労働までもが、婦女子でも可能な単純労働・未熟練労働に解体されてしまう。社会の生産的労働の大半が誰にも平等に可能な同一水準の単純な労働に還元されるというこの事態は、産業間での社会的労働の円滑な移動を可能にするとともに、抽象的人間労働をただ概念的にのみ理解可能なものから経験的・感覚的にも理解可能なものにする。というのは、機械を主要生産手段とするあらゆる産業では、実際的にも労働の複雑性が捨象されて単純労働

にまで抽象化されるのであり、それによって具体的有用労働の側面も、決してなくなりはしないが、希薄化するからである。生産している商品の使用価値は異なっていても、作業内容のレベルはどの工業部門でも五十歩百歩、似たり寄ったりというわけである。

　さらに労働手段の機械化は、機械を生産過程の現実的主体へと変えて労働者の機械への従属をもたらす。その結果、各労働者は労働生産過程全般を見通すことも把握することも不可能となり、ただ自分の担当する一部分のみを理解することしかできない部分労働者となる。同時に機械は、資本家によって労働強化と賃銀切下げの有力な技術的手段としても利用されるのであって、労働者がその労働力を商品として資本家に販売することで資本の生産過程に入るという"資本の下への労働の形式的包摂"は、一方では次に述べる労賃形態によってその完成形態を得るとともに、他方では生産手段の機械化によって形式のみならずその内実をも確保して、"資本の下への労働の実質的包摂"を達成することとなる。こうして労働者は、名実ともに資本に包摂されるのである。さらに機械制大工業は、その圧倒的生産力によって他の生産形態を壊滅させ、技術的な面のみならず生産関係の面からも資本による生産を社会の支配的生産様式にまで押し上げて、歴史上初めて資本主義経済を一つの自立した社会的経済体制として確立させたのである。

（4）労賃形態

　産業資本家は、一般商品市場で生産手段を購買し、労働市場で労働力商品を購買する。生産手段の売買は資本家対資本家の取引関係であるのに対して、労働商品の売買は資本家対労働者の取引関係である。一般的に言って、G—Wの関係では、品不足などの例外的な場合を除き、用途を限定された特殊な使用価値Wを所有する商品所有者に対して、限定のない一般的使用価値Gを所有する貨幣所有者は相対的に優位な立場にある。商品は売れなけれ

ばただの無用物になってしまうが、貨幣は商品を買わなくても、商品世界が存在する限りいつまでもその機能を保持したまま貨幣でいられる。G―Aの関係では、それに加えて、一方の当事者である労働者は自分の労働力を販売する以外に生活の方法を持たない無産者であり、経済的には弱者である。こうした資本家と労働者との経済的な力関係の大きな格差に基づいて、賃銀の支払い方法は労働力の購買時に支払う前払い方式ではなく、労務管理の手段としての転用も含めて、通常は資本家にとって好都合な労働の終了後に支払う後払いの方式が主流となる。こうして労働力商品の売買関係は、労使双方による労働市場での雇用契約の締結→労働者側からの契約の履行（労働力商品の使用価値の引渡しとしての生産的労働）→資本家側からの契約の履行（労働力商品の交換価値の実現としての賃銀の支払い）、という順序をとるのである。

　賃銀の後払い方式は、労使間で売買されるのは労働力ではなく労働それ自体であるという外観を生み出す。この外観は賃銀が労働力商品の代価であるという賃銀の本質を隠蔽し、労働者が行った労働全体に対する支払いであるかのような理解を生むことになる。この、労働全体に対する代価とみなされる後払い方式の賃銀を労働賃銀、略して労賃という。この労賃形態の成立によって、剰余価値を生み出すのは可変資本部分だけではなく、不変資本を含めた投下資本全体の運動がひとしく剰余価値を生み出すものとして、あるいは資本の人格的代理である資本家自身の経営活動（つまりは資本家の資本家としての労働）によって生み出されるものとして、観念されるようになる。それとともに必要労働を超過してなされる剰余労働が剰余価値の根拠であることも、したがって資本家対労働者の関係もその内実は階級関係であることも覆い隠されてしまい、資本・賃労働関係を、特殊ではあるが商品売買の一種に過ぎないものとして表面的に捉える観念が生じることになる。こうしてG―W…P…W′―G′の運動を展開する産業資本は、観念的には、G―W・W′―G′としての外観を与えられ、G―W―G′の形式をもつ商人資本に限りなく近似させられることになるのである。

【2】 個別資本の運動過程

　労賃の種類としては、基本的には時間賃銀（時給のほかに日給・週給・月給なども含まれる）と出来高賃銀（個数賃銀、歩合制とも言う）の２種類があるが、いずれにせよ計算の基準となるのは、労働者家族の１日あたりの社会的に平均的な生活維持費である。

　時間賃銀のなかで最も代表的な時給は、この生活維持費を１日の労働時間で割ったもので、例えば１日の生活維持費を３シリング（以下、シリングはｓと略記）として、１日の労働時間を、①９時間、②12時間の２通りの場合でみれば、時給は次のようになる。

　　①の場合、３ｓ÷９＝36ペンス÷９＝４ペンス（以下、ペンスは慣用にしたがいｄと略記）
　　②の場合、３ｓ÷12＝36ｄ÷12＝３ｄ
　（※　イギリスの1971年以前の旧貨幣制度では、１ポンド＝20シリング、１シリング＝12ペンスである。ちなみに、現在の貨幣制度では、１ポンド＝100ペンスとなっている。）

　労働者の得る実際の賃銀はこの時給と労働者の労働時間との積で求めることができるが、労働者個々の成果や貢献度が不分明な業種や労働量がばらばらであるような業種では、この時間賃銀が一般的な形態となる。

　出来高賃銀は、１日の生活維持費を１日あたりの平均的な生産量（生産個数）で割ったもので、たとえば１日の生活維持費を同じく３ｓとして、１日の平均的生産個数が、①90個、②120個の２通りの場合でみれば、生産物１個あたりの賃銀は次のようになる。

　　①の場合、３ｓ÷90＝36ｄ÷90＝0.4ｄ

②の場合、3s÷120＝36d÷120＝0.3d

　労働者の得る実際の賃銀はこの生産物1個あたりの賃銀と労働者の生産量との積で求めることができるが、労働者個々の成果や貢献度や生産量にばらつきがあり、それが客観的に判定可能な業種では、この賃銀形態が採用されることが多い。

　いずれの賃銀形態であっても、労働者の利己的動機を刺激して労働者間の競争を煽る側面をもっているため、資本家によって労働時間の延長や労働強化の手段として巧妙に利用されることになる。その結果、労働生産性の上昇がもたらされてその水準が一般化すると、この新たに達成された労働生産性が標準となって賃銀が決定されるため、労賃形態そのものが賃銀切り下げの有力な手段に転化するのである。機械制大工業によって労働者を実質的に包摂する技術的基盤を得た資本は、この労賃形態によって労働者の資本の下への包摂を形態的・観念的にさらに強化し、その形式的包摂をも完成することになる。

　ただし、以下の展開では本質的関係をより適切に表わすために、またそうすることによる論理上の弊害も特に生じないため、これまで通り賃銀は前払い方式とする。したがって産業資本の運動形式もこれまで通り、次の形式を用いることにする。

$$G-W \cdots P \cdots W'-G' \quad \text{もしくは} \quad G-W \Big\langle \begin{matrix} A \\ Pm \end{matrix} \cdots P \cdots W'-G'$$

補注 4

　『資本論』では冒頭で説かれていた労働価値説——その法則性の側面を強調した言い方が、いわゆる価値法則である——を、資本の生産過程で論証しようとしたのが宇野弘蔵である。労働と交換価値あるいは労働と価格が内的な結合関係にない、正確に言えば、内的な結合関係にあるということを、常識的にはともかく、積極的には論証することが不可能な商品論次元で労働価値説を展開するよりも、労働と交換価値が内的な結合関係に入らざるを得ない資本の生産過程論で展開したほうが積極的な論証になるという宇野の卓越した認識は、マルクス経済学に新たな地平を切り開いたのではあるが、なおそこには根本的な難点が残っているものと考えられる。

　宇野の基本的な論証方法は、労働者がその労働力の再生産のためには必要労働部分を生活手段として必ず取り戻す（実際は賃銀で買い戻す）必要があるという点、つまり商品価値は商品の社会的必要労働量によって決まるという価値法則がまず労働力商品に貫徹するという点を軸にして、この関係が労働者を雇用するすべての資本間の関係をも規制せずにはいない、したがって結果的にはこれらの資本が生産しているあらゆる商品の価値をも規制せずにはいない、という形で展開されている。こうした宇野の考えはもっともであり、常識的・基本的には決して誤りではないが、それが労働価値説＝価値法則の積極的な論証になっているかは、また別問題である。

　労働力商品がその価値通りに売買されるか否かは、それゆえに労働者が必要労働部分を取り戻せるか否かは、つまるところ労働者に支払われる賃銀額と労働者が買う必要生活物資の価格との問題に還元されてしまう。宇野の論点を単純化すれば、生活物資の価格いかんに関わらずとにかく労働者が生活に必要な生活物資を購買できさえすれば、労働力商品に関しては価値法則が貫徹しているということに過ぎない。では、その生活物資の価格を決めているのは何か。ここで、それが労働力商品の価値である、すなわち労働者がその賃銀でその労働力を再生産できるように生活物資の価格は決定されている、と言ってみたところで、話は堂々巡りである。その賃銀そのものが必要生活物資の価格に規定されているからである。さらに、それは労働力の再生産に必要な労働時間であると言ってみたとしても、この必要労働時間そのものがまたもや必要生活物資の生産に要する社会的労働量に規定されているのである。すなわち、労働力の生産に要する必要労

働時間が先に決まっていて、それに規制される形で後から必要生活物資の社会的必要労働時間が決まるのではなく、逆に、必要生活物資の質・量とその社会的必要労働時間が先に決定していて、それを消費することで労働力を再生産する以外にない労働力の価値が後から間接的に決定される関係にある。したがって、まずは必要生活物資を含めた一般商品の価値あるいは価格を規定しているのは何かを突き詰める必要があるのである。こうした意味合いにおいて、宇野の労働価値説＝価値法則の論証は単純な同義反復に陥っていると言わざるを得ない。結局、労働価値説あるいは価値法則の問題は、労働力の再生産の問題もその重要な一部分として内包しているが、決してそれに留まらない社会全体の再生産の問題として、したがってまた、必要生活物資の商品としての生産を含めた全商品の生産とその価値規制の問題として、捉え直す必要があると思われる。マルクスのロビンソン物語を引き合いに出すまでもなく、この視点は『資本論』に散見されるのであって、この視点を突き詰め敷衍(ふえん)する必要があると言えよう。

　本書では、こうした基本的観点から価値法則の論証は「【3】　社会的総資本の均衡編制」の篇の「Ⅶ　一般的利潤率の形成」で展開する。したがって、資本の生産過程論では、価値の実体があらゆる社会の根底に存在する抽象的人間労働であるという、いわゆる価値実体論の論証に留め、というより、留めざるを得ないのであるが、この人間労働の社会的関連が価値を規定する主因であるという価値規制論の論証は、平均利潤論あるいは生産価格論に委ねることとする。なお、宇野の価値法則の論証は、1日の労働時間が必要労働部分だけ行われている場合を——資本主義経済の現実的な在り様からすると不自然な状況を——想定してなされているため、商品の価値は必然的に労働量に比例する形で設定されることになる。確かに、労働を必要労働部分に限定すれば、スミスの初期未開社会と同様に等労働量交換が行われ、理論上は商品の価値や価格は投下労働量に正比例することになる（この点は後出の補注6を参照のこと）。しかし、剰余労働が加わると利潤率の問題が関わってくるために等労働量交換の関係は一般に成立しなくなる。宇野の場合、『資本論』と同様に、再生産表式論を含めた生産論全体で労働量に比例する形で価値もしくは価格が設定されたために、再生産表式論と生産価格論の展開は基本的には『資本論』と同一であり、したがって『資本論』と同じ難点を残すことになっている。

V　個別資本の流通過程

（1）生産資本と流通資本

〈1〉

本質的には、$G—W\begin{smallmatrix}A\\Pm\end{smallmatrix}\cdots P\cdots W'—G'$ の形式で価値増殖運動を展開しているにもかかわらず、労賃形態の成立によって産業資本の運動は$G—W・W'—G'$の形式で理解されることになる。この理解によって、経済的な力関係の大きな格差をともなう資本家対労働者の階級関係も、人対人の対等な一社会関係である商品売買関係、$G—W$の一つの特殊形としてみなされるのである。しかし、資本・賃労働の階級関係は、さらにその内部に人対自然の間で成り立つ以外に方法はない労働生産の関係を抱え込んでいるのであって、たとえ労賃形態の成立によって資本家と労働者の階級関係が、表面的・形式的な類似性に基づいて商品売買関係で擬装されたとしても、それによって人対自然の関係までもが人対人の関係に還元されたり、スミスのアナロジカルな理解のように、人間の労働＝本源的購買貨幣によって自然から生産物を購買するという、人間対自然の売買関係に溶解されたりすることにはならない。自然は、人間の力や単なる人対人の社会関係では支配し制御することのできない領域や側面を必ず残しているからである。むしろ人間あるいは人間社会は、自然のごく一部を支配し制御し利用しているに過ぎない。

　流通形態である商品や貨幣を一連の運動として組み合わせることではじめて成り立つ資本は、本来的には流通形態として発生したのであって、その性格上、必然的に流通形態としての流動性を確保することに腐心することになる。ところが人間対自然の関係を軸として成り立つ労働生産過程は、いわば剛構造をした硬い核として資本の流動性に抗う性格をもつものである。資

本は、一方では労働を自分に同化させることで交換価値として処理しながらも、他方では労働生産過程のもつ固定性による制約を免れることができない。資本は、自分の力では解消も処理もできないこうした制約に対しては譲歩せざるを得ないのであって、自ら変容しながら柔軟に対応していくことになる。

〈2〉
　G―W…P…W′―G′の運動において、G―Wの局面では、それぞれの生産要素は生産のために、すなわちそれらの使用価値を生産的に消費するために購入されたものである。そのため価値の流れとしての資本の運動は、生産過程の入り口でいったん中断し、生産過程のなかで新生産物の商品としての生産が完成する度合いに応じて、その価値としての側面を新商品の価値として蘇生させていく。そして商品が完成し市場で無事に販売されたときに、価値の運動体としての資本の本性も目的もはじめて実証され達成されるのである。しかし通常は、資本が社会の必要とする商品を普通に生産している限り、新生産物の商品としての販売も価値増殖体としての資本の運動も、結果的・事後的には保証される関係にある。この前提の下では、G―W…P…W′―G′のすべての局面が、資本の運動を構成する一繋がりの局面として存在しているものとみなすことができる。すなわち、資本の価値が運動の統一的主体としてすべての局面あるいはすべての過程で一貫して存在していながら、それぞれの局面それぞれの過程では異なった姿態を纏うものとして捉えることが可能である。

　この観点から、G―W$\langle{}^{A}_{Pm}$…P…W′―G′の運動を見ると、同一主体の資本の価値が、GとG′では貨幣の形で存在しているので、これらを貨幣資本といい、W′では商品の形で存在しているので商品資本という。さらに貨幣資本も商品資本もいずれも流通過程に存在しているため、これらを一括して流通資本という。これに対してA（労働力）とPm（生産手段）は、

商品として購入したとはいえ、他に転売するための商品ではなく、あくまでも生産要素として購入したものであるため、資本はここでは生産要素の姿態で存在しているものとみなして、これを生産資本という。なお、…P…においても資本は生産資本として価値形成増殖中であるため、この過程も資本の存在形態としては生産資本に含むことができる。

　生産資本は、その価値移転の仕方あるいは回収のされ方の違いから、さらに流動資本と固定資本とに分類できる。流動資本は、投下資本のうち、1回の生産ごとにすべてが消費されてしまい、その価値のすべてが生産ごとに新商品の価値に吸収され移転する、したがって商品の販売ごとに回収され補塡される資本部分である。労働力の購入に充てられる賃銀や原料および一部の補助原料の購入費などがこれに相当する。固定資本は、投下資本のうち、多数回の生産にわたって使用されるために1回の生産で消費された部分の価値だけが新商品の価値に吸収され移転する、したがって、商品の販売ごとにその資本価値のうちの移転した一部分ずつが回収され補塡される資本部分である。機械・器具や建物などの設備類の購入費および一部の補助原料の購入費などがこれに相当する。回収された資本部分は減価償却費として積み立てられ、次の購入時までは価値を形成しない不生産的な遊休貨幣資本として滞留することになる。

　この流動資本と固定資本の違いはあくまでも回収様式の違いであるため、同一商品種であっても流動資本に分類されるものもあれば、固定資本に分類されるものもある。例えば、同じ子牛の購入代金であっても、肉牛育成用に購入したのならその費用は流動資本となるが、役牛育成用に購入したのならその費用は固定資本となる。同様のことが、車・航空機・船舶・電車などの輸送手段についても妥当する。これらの原材料の購入代金はこれらを製造する資本にとっては流動資本であるが、こうした輸送手段を物資運搬用や旅客用に購入した資本にとっては、その購入代金は固定資本となる。

（２）生産期間と流通期間

　G—W…P…W′—G′において、G—Wを購買過程、W′—G′を販売過程といい、どちらも流通活動のための過程であるため、あわせて流通過程という。また、それぞれに要する期間を購買期間、販売期間といい、合わせて流通期間という。さらに、W…P…W′の生産過程に要する期間を生産期間というが、生産期間は、労働者が実際にその労働力を支出して新規の労働をしている労働期間と、労働者は労働していなくても生産物の使用価値は形成されつつある——したがって、自然に生産されつつある——非労働期間とに分かれる。非労働期間としては、例えば日本酒・ワイン・味噌・醬油などの醸造期間、漆・塗料・コンクリートなどの乾燥期間、農作物・海産物・材木などの栽培・育成期間等々がある。

　流通期間の長さに関しては、商品の売買という流通行為自体がそもそも人と人との交換関係であるため、社会的・客観的に誰もが認めざるを得ないような技術的な基準は存在しないが、生産期間の長さに関しては、生産する使用価値の自然科学的な性質とその時点で社会のもつ科学力や生産技術の水準とに基づいて、一定の時・所では社会的・客観的に誰もが認めざるを得ないような基準が存在している。資本としては、この客観的な基準によって決定される生産期間は、少なくともその時点では自らの力では変えることができないものとして受容せざるを得ない。したがって資本の運動は、この生産期間中は、その長さの長短に関わらず生産過程に束縛されることになる。

　さらに、流通期間と生産期間とを合わせた、初めのGから終わりのG′までの全期間を回転期間という。この回転期間は、理論上あるいは計算上は、各生産要素がすべて消費されて次に補充されるまでの複数の異なる期間の最小公倍数で求めることができるが、現実的には、法制度・税制度との関係から会計学的には１年単位で処理されることが多い。その場合は、各生産要素の回転期間の加重平均に相当するものとして、１回転期間中に投下された総資本量（価格単位）をこの最小公倍数の年数で割れば、１年あたりの平均充用

資本量が算出できる。この年平均充用資本量を前貸し資本量で割れば1年あたりの平均回転数が求められる。これが、資本の各種構成部分の回転を平均した回転、いわゆる前貸し資本の総回転に相当するものである。これは現実の回転を正確に表現するものではないが、近似的に表現するものとして便宜的に使用される。この年平均回転数の逆数が1回転あたりに要する平均期間（平均年数）ということになる。

例えば、680の固定資本が10年間使用され、20の流動資本が1年に5回転すれば、10年間の充用資本総量は、680＋20×5×10＝1680 となる。よって、1年間当たり、1680÷10＝168 の資本が回転していることになる。前貸し資本量は、680＋20＝700 だから、年平均回転数は、168÷700＝0.24 となり、平均回転期間は、1÷0.24≒4.2年 となる。

産業によっては、1年間に複数回、回転可能な業種もあれば、造船業や一部の牧畜業・養殖業のように多数年で1回転しかできない業種も存在する。林業に至っては、20～50年で1回転という場合さえ珍しいことではない。

（3）資本の分割と流通費用

〈1〉

$G-W\cdots P\cdots W'-G'$ の運動は、購買・生産・販売の三つの過程から構成されているが、産業資本がこの三つの過程の連続性を保ち、それによって資本としての流動性を確保するうえで最大の問題となるのが、大量の資本を固定資本として長期にわたって生産過程に束縛せざるを得ないという、資本の生産過程が本来的にもつ長期的な非流動性あるいは長期的な固定性の問題であり、さらにまたそこから発生する生産期間の長期的固定化の問題である。とりわけ機械装置を骨格にして構成されている機械制大工業を採用する産業資本にとっては、生産過程の長期固定性とその剛構造化は不可避の成立要件であり、生産過程を自己増殖の根拠とする以上、それは産業資本自らの力で

は技術的な限界によって解消不可能な障壁とならざるを得ない。流通形態としての出自からは流動性を身上とする資本でありながら、生産を包摂したことから生じた生産過程への長期的束縛——産業資本がこの二律背反の問題に対して採用した現実的解決方法が、資本の分割という方法である。

仮に、一度にすべての資本が投下されたとすると、購買・生産・販売の三つの過程は、他の過程が進行している間は休止ないしは停止の状態に陥る。その場合、とりわけ問題になるのが、生産過程の停止が資本の価値増殖に与える深刻な影響である。生産過程には巨額の資本で購入された大規模の生産設備が膨大な価値を抱えたままの状態で束縛されていて、停止の状態が長期化すればするほどそれらの陳腐化（いわゆる道徳的摩損）と自然的な価値破壊が進む。それを防いで生産設備の使用価値（機能）を一定の水準に保つためには、それなりの保守・点検・修理の費用が必要になるが、その費用は剰余価値から控除されるため、資本の価値増殖を制約することになる。流通形態の資本が流通とは異質な構造と性格をもつ生産を包摂したことから発生したこの問題は、いわば産業資本の抱える宿命であって、生産過程の連続性を保つ以外にこの問題を解決する方法はない。そして生産過程の連続性を確保するために産業資本が採用した方法が、自らを分割して段階的に生産に投入するという方法、すなわち資本の分割なのである。

この資本の分割的投入という方法によって、産業資本のより現実に近い運動は次図のようになる。

$$G—W \cdots P \cdots W'—G' \cdot G—W \cdots P \cdots W'—G' \cdot G—W \cdots P \cdots W'—G'$$
$$G—W \cdots P \cdots W'—G' \cdot G—W \cdots P \cdots W'—G' \cdot G—W \cdots P \cdots W'$$
$$G—W \cdots P \cdots W'—G' \cdot G—W \cdots P \cdots W'—G' \cdot G—W \cdots P$$

ここでは、購買・生産・販売の三つの過程が、運動の開始時を除き、どの時点でも、

購買・生産・販売・購買・生産・販売……
生産・販売・購買・生産・販売・購買……
販売・購買・生産・販売・購買・生産……

というように、同時並行的に進行している。すなわち、空間的（縦の関係）にも時間的（横の関係）にも三つの過程が並列して連続するように有機的に、つまり三つの過程が相互に密接に関連し合って統一的な全体を形作るように編成されていて、これによって運動の連続性が確保され、したがって資本の流動性も全体としては維持されることになる。

　資本の分割数は、流通期間と生産期間の比率で決定される。その比率が最小自然数比でm：nの場合は、投下資本量をm＋nの部分に分割すればよい。例えば、生産期間が4か月、流通期間が2か月で、資本量が12万£（ポンド）の場合は、4：2＝2：1　だから　12÷（2＋1）＝4　より、4万£ずつ3分割すればよい。もちろんこの4万£は操業に必要な最低資本量を満たしているものとする。このように生産・流通の両期間が決定していれば、事は簡単である。ところが実際は、資本の分割の際に新たな問題が浮上してくることになる。それは販売期間の不確定性の問題である。生産期間は、所与の時・所では生産過程のもつ技術的諸条件によって商品種ごとに社会的・客観的に確定可能であり、さらに流通期間のうちの購買期間の方は、購買商品の品不足などの例外時を除き、買い手としての強みによって通常の場合は問題とするに足りない。それに反して販売期間の方は、販売商品の品不足などの例外時を除き、通常の場合は売り手としての弱みによって、その長さを確実に判断することは困難である。そのため、資本はこの困難に対して流通費を投入するという方法で対処することになる。

〈2〉

　生産過程のために投入される諸費用を生産費用というのに対して、流通過程のために投入される諸費用を流通費用という。この流通費用には基本的に次の3種類がある。①商品の売買費、とりわけその大部分を占めるのが販売費で、宣伝・広告費、通信・連絡費、店舗・設備費、簿記・帳簿などの事務処理費、②購入商品や販売商品の保管・在庫費用、③人や物資の運送・運搬に関わる運輸費用、がそれである。これらの労働に労働者を従事させる場合

には、言うまでもなく人件費として労働者に支払う賃銀も必要になる。

さらに、流通費用の性格として——実際上は判別が困難な場合が多いとはいえ——概念的には、生産的な流通費用と純粋な流通費用とに分類できる。生産的な流通費用とは、その費用に技術的に客観的な基準がありその必要性が社会的に認められる費用のことである。そこに労働が投下される場合にはその労働は価値を形成する。もちろん、剰余労働が行われる場合には剰余価値が発生することになる。①のなかの社会的労働の編制に関わる費用や、②の保管・在庫費用と③の運輸費用とのかなりの部分は、生産的な流通費用が占めることになる。特に運輸費用は、運輸過程自体が流通過程に延長された生産過程といわれるように個別的な労働生産過程どうしを連結する機能を担うのであって、社会的労働生産過程の編制にとってはいかなる社会でも必要とされるために、生産的な性格を色濃くもつことになる。逆に、投機目的などの私的・個人的な理由や一般化できない例外的な事情によって投入された費用であり、客観的な基準もなく社会的にもその必要性が認められない費用が、純粋な流通費用である。この部分の費用は、そこに労働が投下されたとしても、その労働は価値を形成するものとはみなされないし、剰余価値を形成することもない。むしろ空費として剰余価値から控除されるため、剰余価値を減少させる一大原因になっている。そのため純粋な流通費用の節約は産業資本の大きな課題となるのであって、ここに商業資本の発生する余地が残されている（商業資本に関しては、「Ⅸ　信用と利子」の「（１）商業資本と商業信用」を参照のこと）。

〈3〉

このようにして産業資本は、内部に異質な労働生産過程を取り込んだことから生じる生産過程の長期固定性の問題に対しては、資本の分割と流通費の投入という方法で対処することでともかくもその流動性を確保するのであり、これによって産業資本は同様の過程を繰り返す循環の形式をとることになる。言うまでもなく循環とは次の図が示すように円環性を特徴とするのであって、

【2】 個別資本の運動過程

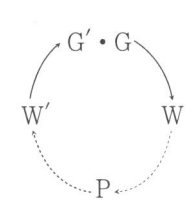

産業資本の循環過程も円環の切断の仕方によって、三つの循環形式をもつことになる。それが、①貨幣資本の循環形式、②生産資本の循環形式、③商品資本の循環形式、である。

① 貨幣資本の循環形式とは、次のように一つの周期がGから始まりG′で終わる循環形式であり、形式としては産業資本形式の資本と同じである。

G—W…P…W′—G′・G—W…P…W′—G′・G—W…P…W′—G′・G

この形式は、質的に同一で量的にのみ異なるGとG′との比較によって、資本の本質と目的とが価値増殖であることを端的に指し示すとともに、増殖の効率を判断する量的基準である利潤率概念を導き出すことのできる形式でもある。さらに間に挟む、交換過程とは異質な生産過程…P…が、産業資本にとっては必要ではあるが価値増殖のやむを得ない根拠であることも示している。すでにみたように、資本の各部分の回転を平均化して年平均回転数を求める場合には、量的に一元的な処理が可能な、この貨幣資本の循環形式を用いることになる。

② 生産資本の循環形式とは、次のように一つの周期がPから始まりPで終わる循環形式である。

P…W′—G′・G—W…P…W′—G′・G—W…P…W′—G′・G—

この形式は、生産過程が固定資本の長期的・継続的な反復使用を内包していることで再生産の必然性を示すとともに、Pと次のPとの比較によって生産過程の使用価値量（物量）レベルでの規模の変化を比較することが可能となる。というのは価値量あるいは価格の大きさは、必ずしも生産過程の規模の大小とは一致しないからである。さらにこの形式は、生産過程が間に挟む購買・販売という流通過程に媒介されているということを、それ

ゆえに生産がこれらの流通過程の影響、すなわち市場の影響を被るということを、指し示している。

③　商品資本の循環形式とは、次のように一つの周期がW′から始まりW′で終わる循環形式である。

$$W'—G'\cdot G—W\cdots P\cdots W'—G'\cdot G—W\cdots P\cdots W'—G'\cdot G—W\cdots P$$

この形式は、W′と次のW′との比較によって生産された商品量の比較が可能となり、それによって労働生産性の変化の比較も可能となる。さらに、資本主義経済での商品の生産が流通過程と生産過程との両方に媒介されていて、それゆえにどちらの過程からも影響を被るということを示している。

この三つの循環形式は産業資本の運動の三つの側面を示すものであるが、同時に分割投資された資本の運動を同一の時系列に揃えたものともみなせるのであって、いずれにしても、この三つの循環形式が示す運動が同時並列的に存在することで、現実の産業資本は、G—W、P、W′—G′の三つの局面が密接に絡まり合い撚り合さった全体として、一つの運動体を形成するのである。これによって産業資本は可能な限り無駄を省き、価値増殖を効率よく行うのに必要な有機的統一性を保つことになる。

なお、これ以降も産業資本の運動形式としては、次の貨幣資本の循環形式を用いることにする。今やこの貨幣資本の循環形式は、分割された資本の諸運動を平均化して一纏めにしたものとみなすことができる。

$$G—W\cdots P\cdots W'—G' \quad \text{あるいは} \quad G—W\begin{matrix}A\\ \\Pm\end{matrix}\cdots P\cdots W'—G'$$

Ⅵ　個別資本の総過程

（１）労働量と価格

　G―W…P…W′―G′の運動形式をもつ産業資本は、①労働（それも単なる労働ではなく価値の源泉としての、あるいは価値を形成する実体としての抽象的人間労働）を量形式とする内部過程としての労働生産過程（これもまたいまや単なる労働生産過程ではなく価値形成増殖過程としての労働生産過程）であるW…P…W′と、②価格を量形式として他の資本との市場的接触を行う外部過程としての流通過程、G―W、W′―G′とから、構成されている。個々の産業資本について、この異質な二つの量形式、異質な二つの過程を統一した全体として捉え返したのが、個別資本の総過程である。そしてその際に、とりわけ中心的な問題とならざるを得ないのが、労働と価格という異なる性格をもつ二つの量形式間の関係である。すなわち、商品に対象化されている労働量が実際に、ある一定の大きさをもつ価格としての評価を受けて、換言すれば、その価格で表されるだけの交換価値を形成したものとしての評価を受けて、商品経済的に処理される機序の解明である。

　そこで、労働量表示のみであった労働生産過程論での紡績業の設例（62ページ）に、さらに価格面での条件として――これまで通り、これらの価格は貨幣の集団的価値尺度機能によって形成され維持されている、それぞれ安定した価格水準での価格（価値通りの価格）であるものとする――労働者１人当たりの平均賃銀が１日３ｓ、綿花１kgの購入代金が1.5ｓ、紡績機の１時間当りの使用による平均的減価償却費が0.5ｓ、綿糸１kgの販売価格が３ｓ、さらに１ｓに相当する貨幣金の含む社会的労働量が５／３時間、という条件を追加することにしよう。そうすると、これらの関係は以下のようになる。

```
            ╱A―G 3 s―Lm 3 s
           ╱ （5h）  （6h）新規紡績労働
G27 s―W ⟨                      …P（12h）…W'綿糸（60h）―G'36 s
 (45h)     ╲
            ╲Pm24 s ╱―綿花18 s（40h）
              (40h) ╲―紡績機消耗分 6 s（8 h）
```

（　）内はそれぞれが含んでいる社会的労働量で、hは時間を表す

　ここから資本の運動の基層に潜んでいる労働量のみの繋がりを抽出すると、次のようになる。

```
        ╱A―5 h―（6 h）   新規紡績労働
       ╱                    …（12h）…W'綿糸（60h）――G'60h
G45h ⟨
       ╲Pm ╱―綿花30h（40h）
        40h ╲―紡績機消耗分10h（8h）
```

（　）なしの数字は金の含む社会的労働量か、金の含む社会的労働量に換算したもの
（　）ありの数字は各商品が実際に含む社会的労働量

　商品の交換価値は、端緒的には交換比率として、つまり提供する商品の使用価値量と交換を望む相手商品の使用価値量との割合で表現されるが、貨幣形態の成立以後は金の重量を尺度単位とする価格で表現される。しかし、この金自体が人間労働の生産物として得られるものである以上、そこには当然ながら一定量の――ただし、個別的な産金労働量ではなく、あくまでも現時点での社会的に標準的な産金労働量に換算しなおされた量の――労働が対象化されているのであって、理論上・概念上は、上図のように商品の価格はすべて金の重量を媒介にして金の含む社会的労働量にまで還元することができる。例えば、綿花12kgが実際に含む社会的労働量は40hであるが、市場では18 sで売買されているので、市場での評価としては18 sの金が含む30hの社会的労働量に等置され、結果的には、30hの産金労働量に換算されているわけである。

これらの関係を労働量の観点からみると、G―Wの果たす個別的な価値尺度機能は、一般商品がそれぞれ特殊な使用価値の形態で含んでいる、商品経済としてはまだ私的な労働としての抽象的人間労働のある一定分量を、金の含む――私的な労働でありながら商品経済的にはそのまま特殊ではあるが社会的労働として公認されている――抽象的人間労働のある分量として一元的に還元する機能、あるいは金の含む社会的労働量に等置して評価替えする機能であるといえる。さらには、たとえ同一品種の商品であっても異なる個別資本で生産されている場合は、異なる私的・個別的労働としてそれぞれ異なる分量の抽象的人間労働を含む場合があるが、それでも市場での貨幣の集団的価値尺度機能を通して、一律に同一分量の金の含む労働としての評価を与えられる。言い換えれば、実際上は異なった分量の労働を含んでいても、同一品種の商品である限り、それぞれ異なった比率あるいは異なった倍率で金の含む労働量に換算され、それによって同一量の金の含む社会的労働に等置されて、結果的には等しい価値をもつものとして処理されることになる。

　例えば、同一品種の商品１単位を生産するのに要する実際の個別労働時間が、それぞれ①90時間、②95時間、③105時間であったとしても、この商品の価格が60ｓであるならば、60ｓの金の含む100時間の労働（60×５／３＝100）と等しいものとみなされるため、①の商品の１時間は10／９倍の比率で、②の商品の１時間は20／19倍の比率で、③の商品の１時間は20／21倍の比率で、金の含む労働量に換算されるのである。これが一物一価の事態に他ならない。（ただし、同一品種の商品である限り、個別労働時間がそのままその商品の社会的必要労働時間とはならないため、仮に、②の商品の個別労働時間がこの商品を生産するのに社会的に標準的な労働時間であったならば、市場での評価を媒介にして、①の商品も③の商品も、②の商品と同じ95時間の社会的労働量を含むものとみなされることになる。どの商品の個別労働時間が、その商品の生産を社会的に代表することになるのかを決定するのは、市場価値論の問題であり、「Ⅶ　一般的利潤率の形成」の「（３）市場価値と市場生産価格」で取り扱うこととする。）

とはいえ、一般商品の含む労働量を金の含む労働量に換算するこの評価方式は、あくまでも労働量という観点から捉えた商品経済における労働量の特殊社会的な評価方式、もしくは商品経済に独自な労働量の社会的な処理方式であり、したがって、後述のように金の労働量に換算された労働量が商品経済的にはその商品の唯一の社会的に客観的な労働量であり、その結果その商品の価値としてみなされるのではあるが、それにもかかわらず、市場で金の含む社会的労働量に換算された後でも、商品に対象化されている、したがって商品が実際に含んでいる社会的労働量は、その大きさのままで商品のなかに保存されている点は注意が必要である。

　例えば88ページの図では、生活物資、綿花、紡績機消耗分のそれぞれが実際に含む6時間、40時間、8時間の社会的労働量が、市場でそれぞれ金の含む5時間、30時間、10時間の労働量に換算されたあと、その評価のもとで労働者や資本家の手に渡るのであるが、しかし、それらの市場的な評価とは関係なく、実際に労働者が入手するのは6時間の労働を含む生活物資であり、紡績資本家のもとで綿糸の生産に入るのは綿花の含む40時間の過去労働と紡績機消耗分の8時間の過去労働なのである。そして、これらの過去労働の48時間に新規労働の12時間が合体して合計60時間の労働を含む綿糸が生産され、この60時間の労働が市場で改めて金の含む60時間――この場合、60という数字の一致は偶然に過ぎない――の労働に換算されるのである。さらに言えば、この換算によって60時間の社会的労働を含む金と等しい価値を含有するものとして処理されるのである。

　このように、同じ労働量であっても内部過程における実際の社会的労働量と、市場という評価替えの機能をもつ外部過程での社会的労働量とは意味あるいは次元が異なっている。市場での社会的労働量は金の含む社会的労働量に換算された労働量であるため、実際に商品に対象化されている社会的労働量が一般的な社会的労働量（いわば実体次元での社会的労働量＝実体的労働量）であるのに対して、それは特殊資本主義的な、少なくとも商品経済的な

処理が施された社会的労働量(いわば形態次元での社会的労働量＝形態的労働量)なのである。スミスの立論に即して言えば、前者が投下労働(量)で後者が支配労働(量)ということになる。そして、数多ある商品の中でただ金のみが、この二つの次元の社会的労働量がいつでも一致しているのである。それは、あらゆる商品の交換価値が金の量によって表されることからもたらされる必然的な帰結であるが、何より産金資本の運動形式、G―W…P…G′からも明らかである。一般商品ならばW′―G′の販売過程で市場の洗礼を受けざるを得ないが、産金資本の場合、生産物が貨幣材料の金であるため市場での貨幣的な評価に変換する必要がないからである。もちろん実際上も、上の例のように、一般商品でありながらも金と同じく、その商品が実際に含む実体的労働量と市場での評価の結果である形態的労働量とが偶然に一致する場合も可能性としてはあるにはある。正確に言えば、標準的な産金資本と同じ回転期間で同じ資本構成をもつ――後述の概念で言えば、年平均資本構成(107ページを参照)が等しい――資本の生産する商品ならばこの二つの社会的労働量は一致することになる。さらに、標準的産金資本より年平均資本構成が高い資本の生産する商品の含む労働量ならば金の含む労働量よりも多めに、年平均資本構成の低い資本の生産する商品の含む労働量ならば少なめに評価されることになる(なお、この点は後に展開する生産価格論と関連する内容でもある。本書、補注6の(2)を参照のこと)。

(2) 費用価格と個別利潤

　このように理論上は、商品の価格はすべて金の重量を媒介にして金の含む労働量にまで還元できる。とはいえ労働次元での量関係は、資本の運動を含めた資本主義的商品経済すべての関係の深層に横たわる、いわば潜在領域における不可視の量関係であって、概念的には認識可能ではあるが、実際的には価格をさらに遡及して金の含む労働量にまで還元する必要はない。商品経

済は、この不可視の量関係を顕在領域における商品と貨幣との物的な可視の量関係で処理する仕組みをもともと価格形態として備えているからである。すなわち、商品の交換価値をわざわざそれらが含む労働量にまで還元するという極めて困難な手続きを経なくても、金の重量で表現して金との交換割合で処理するという極めて実際的な方法を備えているからである。そして商品経済では金の重さによる交換価値の表示方式のみが唯一社会的に公認された表示方式なのである。したがって、販売が実現し、貨幣の個別的価値尺度機能によって、その交換価値が一定の大きさの価格として確定された商品にとっては、その価格が表わす金の重量こそが、少なくともその時点その場所での、社会的に客観的な交換価値の大きさなのである。もちろん、貨幣の集団的価値尺度機能によって—社会的に安定した価格水準が形成される場合は、この価格水準が表す金の重量が、さらに高度な一般的社会性と客観性を獲得したその商品の真の値打ちということになる。

この場合、前述との関係で言うならば、商品が実際に含む一般的（実体的）な社会的労働量は不可視の量として不問に付されるのであって、貨幣金の含む労働量に換算された特殊資本主義的（形態的）な社会的労働量の方が、むしろ商品の含む実際的・客観的な社会的労働量になるという転倒した関係が成立しているのであるが、現実にはさらにこの金の含む労働量もまた不可視の量であるため、結局は、可視の量である金の重量が商品の交換価値の客観的表示手段になる以外にないのである。（だからといって、資本主義経済の原理的な解析が実際的な価格現象の解析のみに留まってよいということにはならない。表面的には非実際的に見えても、概念的な分析によってのみ明らかになる構造や性格を、資本主義経済は備えているからである。不可視の闇こそ概念の光で照射しなければならないのであって、資本主義経済を生産・交換・分配を統合した有機的なシステムとして総体的に捉えるためには、不可視の量体系である労働量次元からの分析は欠かせないものとなる。）

こうして、単純な商品所有者や貨幣所有者は言うに及ばず、資本家も現実

【2】 個別資本の運動過程

的には自分の資本の運動を目に見える形で存在する価格をもとに組み立てる以外に方法はないのであって、上記の資本の総過程は、価格表示を用いればより現実に近い形で次のように表わすことができる。ただし、価格に還元できない内部過程における新規の直接労働は労働量表示のままである。

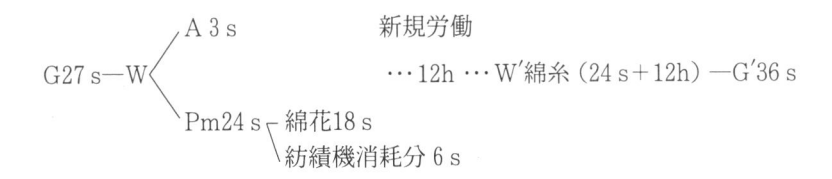

$$G27s—W\begin{cases}A\ 3s\\Pm24s\begin{cases}綿花18s\\紡績機消耗分 6s\end{cases}\end{cases}\begin{matrix}新規労働\\\cdots 12h\cdots\end{matrix}W'綿糸(24s+12h)—G'36s$$

 この図の最後で、市場でG'36sという貨幣評価を受け、それによって36sの価値を生み出したものとみなされているのは、最も根源的な視点からみれば、新たに生産された12kgの綿糸の含む60時間という労働の全体である。生産物は商品として市場に入るたびに、そこに含まれている労働の全体が改めて市場による価値評価という洗礼を受けるのであって、不変資本部分の価値(この例では24s＝40hの産金労働量相当分)あるいは前貸し資本全体の価値(この例では27s＝45hの産金労働量相当分)が必ず実現し、資本家はそれらを全額必ず回収できるものとして常に保証されているわけではない。恐慌時や不況期あるいは商品の販売が不振な場合には、普段は隠されているこうした事の真相が最も先鋭的に露呈することになる。

 とはいえ、社会の必要とする商品である限り、通常は——通常でない場合を含まざるを得ないのが資本主義的な通常であるという見方も可能ではあるが、それは措くとして——不変資本部分の価値や前貸し資本全体の価値を含めて、その商品の価値はすべて実現するものとみなせるのであって、この通常の事態という前提の下では、綿糸の36sという市場での価値評価の内容に関して、おもに当事者の立場の違いから生じる費用意識の違いによって、あるいは対象を見る観点の違いによって、最も根源的な上の解釈(これを①の解釈とする)の他に次のような異なった解釈が成立することになる。

93

② いわば自営業者の立場、あるいはすでに市場からの社会的評価を受けている過去の労働とまだ受けていない新規の労働との違いを重要視する観点からの解釈。すなわち、

『綿花の購買代金18ｓと機械消耗分６ｓの合計24ｓの価値は、綿糸の販売価格36ｓのなかにその一部として、そのままの大きさで吸収・移転されていて、必ず回収されなければならない費用であり、したがって市場で新たに評価の対象となるのは12時間の新規労働の部分だけである』という捉え方……この理解では12時間の新規労働が９ｓという評価を受けたことになるので、

　　　　　　販売価格＝不変資本価値移転分＋新規労働の価値形成分

つまり、

　　　　　　販売価格＝不変資本価格＋新価値

となる。

③ 資本家の視点により近い立場からの解釈。すなわち、

『資本家にとっては、新規労働の評価分のこの９ｓのなかからさらに可変資本部分の３ｓも自分が前貸しした価値部分としてその大きさのまま必ず回収されなければならないため、新規労働の12時間のなかから必要労働の６時間を除いた残りの６時間の剰余労働だけが市場で新たに評価の対象になる』という捉え方……この理解では６時間の剰余労働が６ｓという評価を受けたことになるので、

　　　　　　販売価格＝投下資本価値移転分＋剰余労働の価値形成分

つまり、

　　　　　　販売価格＝投下資本価格＋剰余価値

となる。

④　資本家本人の立場に立った解釈。すなわち、

　資本家的意識あるいは資本家的イデオロギー——資本家が自分の社会的な立場を擁護して形成する体系的な信条と観念——に沿って、『6ｓの剰余価値は労働者の行った6間の剰余労働が形成したものではなく（労働者の行う労働全体を買ったという観念を生み出す労賃形態の作用とも相俟って）、不変資本・可変資本の区別なく自分が投下した資本全体が一丸となって新たに生み出したものである』という捉え方……この理解では、

　　　　　　販売価格＝投下資本価値移転分＋自然発生的付加価値
つまり、

　　　　　　販売価格＝投下資本価格＋付加価値

となるので、6ｓという剰余価値の根拠も、したがって産業資本の価値増殖の根拠も、謎に満ちたまま不問に付される結果となる。ここから資本の利潤は、貴重な自分の財産を無にする危険も省みずに敢えて事業に投資したという行為に対する社会からの報酬であるとする、自己弁護的な都合のよい観念さえ生まれることになる。こうした理解に基づいて企業利潤の観念や企業者利得の観念が発生するのである。

以上を要約すると、資本の価値増殖運動が順調に行われている状況下では、綿糸の販売代金36ｓという同一事態の評価内容に関して、観点の違いあるいは認識の深度の違いから、主として以下の4通りの解釈が存在することになる。

①生産諸要素の過去の価値や価格とは関係なく、綿糸の含む60時間の労働全体に対する市場の再評価としての36ｓ

②新規労働12時間に対する市場の評価である12ｓと、不変資本価値の移転部分24ｓとの合計としての36ｓ

③剰余労働6時間に対する市場の評価9ｓと、前貸し資本価値の移転部分

27ｓとの合計としての36ｓ
　④前貸し資本全体が生み出した付加価値９ｓと、前貸し資本価値の移転部
　　分27ｓとの合計としての36ｓ

　ただし、①の解釈方法が綿糸の販売価格いかんに関わらず資本主義経済のすべての状況で成り立つのに対して、②③④の解釈は、綿糸の販売価格いかんによっては成り立たない場合も発生するため——例えば、綿糸の販売価格が27ｓ以下では③④の解釈は無意味となり、24ｓ以下では②の解釈も無意味となる——基本的には資本の価値増殖運動が順調に行われている場合にしか成り立たない。この意味で、①の解釈が事態を最も根底的に捉えているのであるが、通常は他の解釈を許すような事態が成立しているものとみなしてもかまわないため、以下も、通常（資本主義的あるいは資本家的に正常）な事態を想定しながら、考察を続けるものとする。

　資本主義経済は資本の支配する経済体制であり、資本主義社会の観念も資本の運動を——したがって資本家がその活動を——円滑に展開できるように整序されている。そのため、資本家の立場に沿った解釈や資本家的な認識が、社会的通念を支配することが多い。したがって、この例では④の解釈に基づいて資本家社会的に事態が把握され、この認識の下に資本（家）の経済活動も組織化され組み立てられることとなる。その結果、投下資本全体が形成した付加価値が、価格次元では販売価格G'の36ｓと購買代金Gの27ｓとの差、つまり利潤の９ｓとして実現したものとして捉えられることになる。これに対して購買代金の27ｓは、その不変資本部分の24ｓも可変資本部分の３ｓも、資本家にとっては一様に商品の生産に要した前貸し資本部分として、不変資本・可変資本の区別なく一括して費用価格とされる。

　この費用価格の部分は、社会的生産を担うすべての資本家どうしがお互いに認め合わざるを得ない共通認識として、資本が価値増殖を目指す存在である限り最悪の場合でも必ずその大きさで回収しなければならない絶対的な費

用となるのである。資本家にとっての最大の行動基準は利潤率であるが、さらにこの利潤率自体の絶対的な基準が、利潤の出発点・発生地点となるこの費用価格だからである。さらに資本家以外の他の社会成員にとっても、社会的生産の運営を資本に託している以上、その資本が真っ当な資本である限りは、その資本による社会的生産の繰り返しに必要な物的・人的生産要素の補塡部分に相当する費用価格部分の回収は、いかなる社会においても認めざるを得ない経済上の一般的原則に当たるものであり、したがって当然の費用としてこれを容認することになる。こうして費用価格の概念と観念は一つの社会的通念として市民権を得るのである。

したがって、資本家たちは——当人たちは、主観的には④の解釈によって利潤を社会的に当然の報酬とみなしてはいても、第三者的にみれば——この費用価格を上回る部分である剰余労働の形成した価値、つまり剰余価値の争奪戦を繰り広げていることになる。ということは、資本家の認識に即した費用価格概念の成立とともに、それに基づいて行動する資本家たちの形成する通常の事態を把握するには、上記の③の視点が最も有効であるということになる。なぜなら、③の視点は資本家と資本の運動とに即した認識であると同時に、それに埋没しない分析的な視角をも保持しているからである。こうした点を受けて、労働量の貨幣的評価の問題に関しては、以下、主として③の視点を中心に剰余労働部分に焦点を当てて分析を行うこととする。（もちろん、これはあくまでも認識論レベルの問題であって、解釈の違いによって対象となる現実に変化が生じるわけではない。さらに、他の解釈も成り立つのではあるが、ここでは③の解釈が資本家の行動様式とそれに基づいて形成され動いている現実の事態を認識するのに最も適しているというだけのことである。）

さらにこの費用価格概念の成立によって、商品の交換価値あるいは価値は、商品の販売が実現するまでは、

$$商品価値＝費用価格＋剰余価値（付加価値）$$

という内部構成をもつものとみなされ、そして、商品の販売が実現することによって、それは次のようになる。

$$販売価格＝費用価格＋利潤$$

なお個々の資本が、そのつど実現する利潤や利潤率は実際上はばらばらな大きさをもっているため、個別資本が得る利潤を個別利潤といい、そのときの利潤率を個別的利潤率という。したがって、

$$個別利潤＝販売価格－費用価格$$
$$個別的利潤率＝個別利潤÷費用価格$$

となる。

さらに、Pを（個別）利潤、P′を（個別的）利潤率、C＋Vを費用価格とすれば、$\varDelta G \div G$で表わされる利潤率P′は、より現実に即した形で、

$$P′＝P÷(C＋V)＝P／(C＋V)$$

として再定式化される。

あらゆる個別的産業資本は、価値増殖の効率性を表わすこの利潤率とその動きを最も重要な判断基準や行動指針としながら、獲得利潤の最大化を目指してお互いに競争を繰り広げるのであるが、この利潤率自体は、（ⅰ）生産された商品が初めて外部と接触するW′―G′の局面での条件、すなわち商品の販売価格の大きさやその動きに集約されることになる市場での需給関係や諸資本の競争という外部的条件（いわば外生変数としての市況と資本間競争）、および（ⅱ）こうした外部的条件を一定とし、したがって商品の販売価格を一定としたときに、G―Wの局面や…P…の局面で各資本が所与の前提として受け入れ、その資本の生産構造として内部化されている――それゆえに

その資本の生産構造を数量的に特徴づけている——生産上の諸条件(いわば内生変数としての生産条件)、とによって規定される。

そこで次に、個別資本にとって利潤率が果たす役割と、市場的な要因を捨象したときに利潤率の大きさを内部的に左右する諸要因を、まず確認しておこう。

(3) 個別的利潤率と内的規定要因

〈1〉

単純な商品所有者や貨幣所有者にとって、その判断基準や行動指針となるのは市場での需給状況を集約して反映する商品価格の動きである。一般的に、商品の価格が上昇すればその商品の所有者は販売を促進し、貨幣所有者はその商品の購買を抑制しようとする。逆に、商品の価格が下落すればその商品の所有者は販売を抑制し、貨幣所有者は購買を促進しようとする。資本家は、商品所有者でもあれば貨幣所有者でもあるため、市場の状況ごとにそれぞれの立場でそれぞれの状況に応じた行動を取ろうとする。しかし、資本家は単なる商品所有者や単なる貨幣所有者ではない。商品による商品の生産を行う産業資本家にとっては、個々の商品価格の動向それ自体よりも、商品価格の動向が自分の資本の価値増殖に与える総合的な影響の方がより重要である。そして、商品価格の変化が与える総合的な影響を客観的に判断する際に、その最も有効な基準となるのが、様々な変化を価値増殖の効率性という一点に集約して表すことのできる、資本主義独自の量的基準としての利潤率に他ならない。単純な商品所有者や貨幣所有者に比べてより複雑な行動を展開する資本家にとっては、単なる商品価格の動向よりも、その複雑な行動にも対応可能な、より高度の、より総合的な判断基準が必要なのであって、その基準を利潤率が提供することになる。

例えばG—W…P…W′—G′において、購入商品Wの価格が上昇したとし

ても、その上昇率以上に販売商品W'の価格が上昇するか、少なくともこれまで以上の利潤が得られる場合には、資本家は価格の上昇したWであっても、その購買を促進するであろう。逆に、W'の価格が下落したとしても、その下落率以上にWの価格が下落するか、少なくともこれまで以上に利潤が得られる場合には、資本家は価格の下落したW'であっても、その販売を促進するであろう。このように資本家の行動基準となるのは、

　　　利潤率＝個別利潤÷費用価格　　　$P'=P\div(C+V)$
なのである。

　それも正確には、同じ期間という同一基準の下での利潤率でなければ実際的な有効性をもたない。半年で10％の利潤と1年で10％の利潤とでは、投下資本量が等しければ、意味も大きさも異なるからである。そのため、通常は1年間あたりの平均的な利潤率としての年利潤率が、価値増殖の効率性を判断するための最終的な客観的基準として用いられるのである。しかし、まずは利潤率一般を内的に規定する要因として——内的にというのは、上で述べたように市場的な外部的・攪乱的要因を捨象したときに、資本自身の生産構造上の条件の違いで内生的に利潤率を変化させる要因であるからであるが——①剰余価値率、②回転率、③資本構成、の三つが考えられる。そこで、他の二つの要因を一定として、それぞれの要因が単独に変化した場合の利潤率の変化を見てみよう。

①　剰余価値率

　剰余価値率は、「剰余価値率＝剰余価値÷可変資本価値（$m'=m/v$）」で定式化されるが、これを価格表示で「剰余価値率＝利潤÷賃銀」とすると、利潤率の規定要因のなかにすでに利潤が含まれていて、同義反復の悪循環になるので無意味である。そこで労働量表示で「剰余価値率＝剰余労働時間÷必要労働時間」とする。

【2】 個別資本の運動過程

いま、先の紡績業の設定例（88ページ）において、必要労働時間を6時間、賃銀を3s、綿糸1kgの販売価格を3sに固定したまま、1日の労働時間が、（ⅰ）8時間、（ⅱ）10時間、（ⅲ）12時間、の三つの場合に分けて（便宜的に3種類の異なる紡績資本が存在すると考えてもよい）、剰余価値率と利潤率との関係を見てみよう。

（ⅰ）8時間労働の場合； 資本の運動は次のようになる。

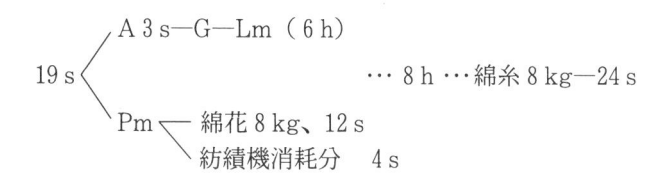

$$19s\begin{cases} A\,3s—G—Lm\,(6h) \\ \qquad\qquad\qquad\cdots 8h\cdots 綿糸8kg—24s \\ Pm\begin{cases}綿花8kg、12s\\紡績機消耗分\ \ 4s\end{cases}\end{cases}$$

この場合、剰余労働が 8－6＝2時間より 剰余価値率は $m'=2/6≒33\%$、利潤が24－19＝5sより、利潤率は $P'=5/19≒26\%$、となる。③の解釈では、剰余労働2時間が5sの剰余価値＝利潤を形成したものとして処理されていることになる。（ちなみに、①の解釈では綿糸8kgの含む40時間の労働が24sの価値を形成したものとして、②の解釈では8hの新規労働が8sの価値を形成したものとして、処理されていることになる。以下、①②の解釈の部分は省略するものとする。）

（ⅱ）10時間労働の場合； 資本の運動は次のようになる。

$$23s\begin{cases} A\,3s—G—Lm\,(6h) \\ \qquad\qquad\qquad\cdots 10h\cdots 綿糸10kg—30s \\ Pm\begin{cases}綿花10kg、15s\\紡績機消耗分\ \ 5s\end{cases}\end{cases}$$

この場合、剰余労働が 10－6＝4時間より、剰余価値率は $m'=4/6≒66\%$、利潤が 30－23＝7sより、利潤率は $P'=7/23≒30\%$、とな

る。③の解釈では、剰余労働4時間が7sの剰余価値＝利潤を形成したものとして処理されていることになる。

（ⅲ）12時間労働の場合； 資本の運動は次のようになる。

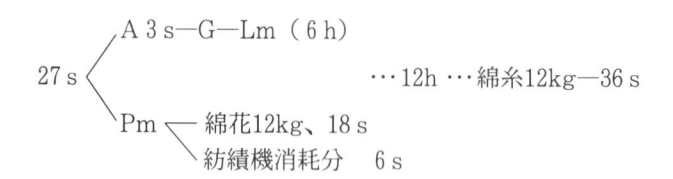

$$27s \begin{cases} A\,3s\text{—}G\text{—}Lm\,(6h) \\ \qquad\qquad\qquad\qquad\cdots 12h \cdots 綿糸12kg\text{—}36s \\ Pm \begin{cases} 綿花12kg、18s \\ 紡績機消耗分\quad 6s \end{cases} \end{cases}$$

この場合、剰余労働が 12－6＝6時間より、剰余価値率は m′＝6／6＝100％、利潤が 36－27＝9sより、利潤率は P′＝9／27≒33％、となる。③の解釈では、剰余労働の6時間が9sの剰余価値＝利潤を形成したものとして処理されていることになる。

 以上より、この例では労働時間が1時間増加するごとに綿糸の生産量が1kgずつ増加するので、売上高は3sずつ増加する。一方、費用価格は不変資本部分が2sずつ増加するだけなので、利潤はその差額の1sずつ増加することになる。つまり、剰余価値率を大きくして剰余労働を増やすと利潤も増加し、さらに販売価格の増加量のほうが費用価格の増加量よりも多いため、利潤率も次第に上昇する。（ただし、その増加率は次第に鈍化（漸減）していく。この例では、剰余労働をn時間（$0 \leqq n \leqq 18$）とすると、m′＝n／6 P′＝3n／(15＋2n) となる。）

② 回転率
 回転率とは、正式には1年間あたりの資本の平均回転数のことであるが、引き続き紡績資本を例にとり、1日12時間労働の場合に、1日あたりの——外観的には多少、奇妙ではあるが、1年単位で考えても1日単位で考えても、同一期間であれば事の本質には変化がないので、ここでは簡略化して1日単

【2】 個別資本の運動過程

位で見ることにする――回転数が、（ⅰ）1回、（ⅱ）2回、（ⅲ）3回、の三つの場合に分けて（便宜的に3種類の異なる紡績資本が存在すると考えてもよい）、回転率と利潤率の関係を見てみよう。ただし、1回転ごとに生産された商品は即売され投下資本は直ちに回収されるものとする（その他の条件は不変）。

（ⅰ）回転数1の場合； この場合は、先の①の（ⅲ）の場合と同じなので、利潤は9s、利潤率は約33％である。

（ⅱ）回転数2の場合； 資本の運動は、次のようになる。

$$\begin{array}{c}
G-W\cdots P\cdots W'-G' \smash{\Big\backslash}\ G-W\cdots P\cdots W'-G' \smash{\Big\backslash}\ G \\
13.5\text{s}\quad 6\text{h}\quad\ \ 18\text{s}\qquad 13.5\text{s}\quad 6\text{h}\quad\ \ 18\text{s}\qquad 13.5\text{s} \\
\varDelta G\qquad\qquad\qquad\qquad\ \ \varDelta G \\
4.5\text{s}\qquad\qquad\qquad\qquad 4.5\text{s}
\end{array}$$

この場合には、1回転ごとの新規労働は回転数1の場合の半分の6時間であるから必要な生産要素も半分となり、費用価格も半分の13.5sとなる。賃銀は1回転ごとに1.5sで、2回転で1日分の3sになるとみなせばよい。また2回転目の費用価格の13.5sは1回転目の売り上げの18sのなかから充当されるので、はじめに必要な資本量は1回転目の13.5sだけでよい。利潤は1回転目の利潤と2回転目の利潤の合計となるので、4.5＋4.5＝9s となる。よって利潤率は、9÷13.5≒66％ となり、回転数1の場合の2倍となる。

(ⅲ) 回転数3の場合； 資本の運動は次のようになる。

G—W…P…W′—G′┌G—W…P…W′—G′┌G—W…P…W′—G′┌G
9s　　4h　　12s│9s　　4h　　12s│9s　　4h　　12s│9s
　　　　　　　　ΔG　　　　　　　　ΔG　　　　　　　　ΔG
　　　　　　　　3s　　　　　　　　 3s　　　　　　　　 3s

　この場合には、1回転ごとの新規労働は回転数1の場合の1／3の4時間であるから必要な生産要素も1／3となり、費用価格も1／3の9sとなる。賃銀は1回転ごとに1sで、3回転で1日分の3sになるとみなせばよい。また、2回転目と3回転目の費用価格の各9sはそれぞれ前回転の売り上げの12sのなかから充当されるので、はじめに必要な資本量は1回転目の9sだけでよい。利潤は回転ごとの利潤の合計となるので、3＋3＋3＝9sとなる。よって利潤率は、9÷9＝100%　となり、回転数1の場合の3倍となる。

　以上より、利潤率は回転数（回転率）に比例して大きくなることがわかる。

③ 資本構成

　資本の構成には、技術的構成、価値構成、有機的構成の三つがある。資本の技術的構成とは、生産手段1単位あたりに必要な労働者数（労働者1人当たりの生産手段量を表わす、いわゆる資本装備率の逆数）である。資本の価値構成とは、不変資本価値Cに対する可変資本価値Vの比率のことであるが、実際的には生産手段の価格に対する賃銀の比率と考えてよい。資本の有機的構成とは、資本の技術的構成を反映する限りでの価値構成である。したがって技術的な変化をともなわない生産諸要素の単なる価格の変動による価値構成の変化は、資本の有機的構成の変化とは言わない。いずれの構成も、生産手段の巨大化を背景として生産力水準の向上とともに一般的には高度化する、すなわち比率（分数）としては小さくなる傾向をもつ。

【2】 個別資本の運動過程

　ここでは事態を単純化して生産水準の変化は捨象し、先の紡績資本家の不変資本の価値（価格）が、（ⅰ）20 s、（ⅱ）24 s、（ⅲ）28 s、の三つの場合に分けて（便宜的に異なる時期に3種類の紡績資本が存在すると考えてもよい）、価値構成が異なる場合の資本構成と利潤率との関係を見てみよう（その他の条件は不変）。

（ⅰ）20 sの場合； 資本の運動は次のようになる。

$$G-W \begin{cases} A\ 3\ s \\ Pm\ 20\ s \end{cases} \cdots 12h \cdots W'-G'$$
　　23 s　　　　　　　　　　　　　36 s

　この場合、資本構成は　V／C＝3／20＝0.15で、利潤は　36－23＝13 s、よって、利潤率は　13／23≒57％、となる。

（ⅱ）24 sの場合； 資本の運動は次のようになる。

$$G-W \begin{cases} A\ 3\ s \\ Pm\ 24\ s \end{cases} \cdots 12h \cdots W'-G'$$
　　27 s　　　　　　　　　　　　　36 s

　この場合、資本構成は　V／C＝3／24＝0.125で、利潤は　36－27＝9 s、よって、利潤率は　9／27≒33％、となる。

（ⅲ）28 sの場合； 資本の運動は次のようになる。

$$G-W \begin{cases} A\ 3\ s \\ Pm\ 28\ s \end{cases} \cdots 12h \cdots W'-G'$$
　　31 s　　　　　　　　　　　　　36 s

　この場合、資本構成は　V／C＝3／28≒0.11で、利潤は　36－31＝5 s、

よって、利潤率は　5／31≒16％、となる。

　以上より、資本の価値構成が、3／20、3／24、3／28、と高度化するにつれて、利潤は、13ｓ、9ｓ、5ｓ、と減少し、利潤率も、およそ57％、33％、16％、と減少している。
　これは資本構成の高度化によって可変資本の投下資本全体に占める割合が、3／23、3／27、3／31、というように相対的に減少し、それとともに「剰余価値（剰余労働）／投下資本（費用価格）」の比率が、6／23、6／27、6／31、と減少していくことからも分かるように、それが剰余価値量の投下資本価値に占める割合の相対的減少を招くのである。その結果、その減少が、13／36、9／36、5／36、というように、利潤の商品価格全体に占める割合の減少となって、したがって利潤率の減少となって現れるからである。このように、他の条件が一定のときは資本の構成が高度化するにつれて利潤率は一般に低下していくことになる。

　以上を要約すると、
利潤率が高くなるのは、
①剰余価値率が大きい場合、②回転率が大きい場合、③資本構成が低い場合
利潤率が低くなるのは、
①剰余価値率が小さい場合、②回転率が小さい場合、③資本構成が高い場合
である。

〈2〉
　利潤率を内生的かつ独立変数的に規定するこれら三つの要因のうち、剰余価値率——もしくはその目安となる、1日あたりの平均賃銀と1日の労働時間との比率——は、労働市場での労使間の三面的競争関係によって全産業で社会的に均等化されて、一定の時・所ではそれなりの一定の水準が形成されるものとみなせる。しかし回転率と資本構成とは、生産する商品のもつ使用

【2】 個別資本の運動過程

価値ごとに、それらの自然的属性とその社会がその時点でもつ科学的・技術的な発展水準によって規定されるため、社会的な均等化は不可能であり、業種ごと産業ごとに異ならざるを得ない。ところが単なる利潤率ではなく、資本の活動にとって実際的に有効な判断基準となる年利潤率を考える場合には、回転率、資本構成のそれぞれの違いは、1年間あたりの投下資本量の平均的な資本構成に変換することで年平均資本構成の違いに一元化できる。なお、年平均資本構成（構成を意味するZusammensetzungよりZを用いて、簡単にZ比と呼ぶ場合もある）は、年回転数をnとして、次の定式で定義されるものとする。

$$Z比 = vn \div C = vn / C$$

すなわち、

　年平均資本構成＝前貸し可変資本量×年回転数÷前貸し不変資本量

あるいは、

　年平均資本構成＝年間充用可変資本量／前貸し不変資本量

となる。

（ここでの前貸し資本量は1回転目の投下資本量であるが、回転ごとの資本量に変化がない場合には何回転目であろうが1回転時に要する資本量とみなしてよい。それに対して、それぞれの回転ごとに投下された資本量の一定期間あたりの合計を充用資本量という。）

この定式からも読み取れるように、年平均資本構成の概念は、結果的に利潤率を内的に規定する回転率と資本構成との二つの要因を統合した概念になっている。したがって、これにともない担当する産業の技術的な生産条件の差異に基づく資本間の差異は、実質的にはこの年平均資本構成の差異、つまりZ比の大小の差に帰着することとなる。ちなみに、年回転数が1回の場合は資本の価値構成と等しくなる。つまり、資本の価値構成は年平均資本構成の定式において、$n=1$のときの特殊なケースと同じである。

107

例えば、剰余価値率を100%、として、

① $100\begin{cases}10\\90\end{cases}\cdots 20\cdots 110$ の資本構成で1年に2回、回転する資本と、

② $100\begin{cases}20\\80\end{cases}\cdots 40\cdots 120$ の資本構成で2年に1回、回転する資本とでは、

年平均資本構成（Z比）は、前者が $(10×2)/90＝2/9≒0.22$、後者が $(20×0.5)/80＝1/8＝0.125$ となり、Z比の小さな後者の方が高くなる。したがって年利潤率は、他の要因を捨象してこの定式のみで判断すれば、年平均資本構成の低い前者のほうが高くなる。というのは、年利潤率の内部構成は、

年利潤率＝年剰余価値総量÷前貸し資本総量＝$m'vn/(C+v)$

であり、したがって、

前者は　$P'=(100\%×10×2)/(10+90)=20$
後者は　$P'=(100\%×20×0.5)/(20+80)=10$

となるからである。

つまり、①②の運動を1年あたりの運動に平均化すると、結果的には次のような運動をしているのと同じことになる。

① $100\begin{cases}10\\90\end{cases}\cdots 30\cdots 120\begin{matrix}-100\\-20\end{matrix}$　② $100\begin{cases}20\\80\end{cases}\cdots 30\cdots 110\begin{matrix}-100\\-10\end{matrix}$

（ただし、実際の年利潤率は、定式の分子に市場での評価率を乗じなければならないので、必ずしもこの通りとはならない。これは、あくまでも市場に

よる調整作用がはたらく以前の内的な量関係である。なお、定式中の「m′vn＝剰余価値率×可変資本×年回転数」のことを剰余価値の年率といい、前貸し可変資本に対する１年間に生産された剰余価値の比率を表している。）

　それぞれの個別産業資本は、社会的生産の各分野に棲み分け的に分散しながら様々な差異をともなう産業を価値増殖の基盤とすることになるが、この事態は、外部の諸要因を一定としたときに内部的に年利潤率の差を生み出す要因となる年平均資本構成の差を各資本に押し付けることになる。このZ比の差は資本それ自体の性格や活動に起因したわけではなく、ただ異なる産業を担当することから生じたものであって、個々の資本の責任に帰することはできない性質のものである。したがって資本家社会的には、資本としての平等性や機会均等性──同じ土俵で競い合うという公平さ──を確保せざるを得なくなる。そして、年平均資本構成の差から生じる資本間の差異を資本どうしが処理する独自な方式が、市場での資本間の相互規制的な競争を媒介にした利潤率の外部的な決定方式あるいは調整方式に他ならない。

　ところが、それぞれの産業資本は、一方では、このような年平均資本構成の違いという解消不可能な差を抱えながら利潤獲得競争を展開するとともに、同時に他方では、G─WとW′─G′の市場的な関連を通して他の諸資本と複雑に絡まりあいながら、相互に全面的に依存し合う──依存率や依存の仕方の直接・間接の度合いは資本によって千差万別であるとはいえ──すべての個別資本がお互いにお互いを必要とし合う社会的総資本を形成するのである。そして、この社会的総資本の全面的な相互依存関係のもとに、社会の物質的な土台をなす社会的分業──宇野の言葉でいえば、社会的労働協同体──も有機的に編制されて営まれることになる。個々の産業資本は、それぞれ社会の各産業に分散的に配置されながら社会的分業を構成する各生産部門の一環を担うのであって、資本間のZ比の差を処理する利潤率の外部的な決定方式も、社会的総資本による社会的分業の編制と密接に絡まり合いながら、それに規定されつつ成り立っているのである。

補注　5

　宇野弘蔵をはじめ宇野の基本的な考え方を継承する、いわゆる宇野派経済学における経済原論は、資本の生産過程論・資本の流通過程論・資本の総過程論という三巻構成の『資本論』の展開構造をうけて——ただし、周知のことではあるが、マルクスの存命中に公刊されたのは『資本論』第一巻の生産過程論（1867年出版）の部分のみであり、第二巻の流通過程論（1885年出版）、第三巻の総過程論（1894年出版）の部分は、マルクスの死後（1883年没）、盟友エンゲルスがマルクスの膨大な遺稿をもとに編集して公刊したものである。したがってマルクス自身による最終確定稿でないため、『資本論』の編成構造も最終的に確定されたものではないのであるが——大枠的にはほぼ同じ、流通形態論・資本の生産過程論・分配論という三部構成になっている（『資本論』および宇野『経済原論』の構成に関しては、巻末の付録1、2を参照のこと）。しかし本書では、資本主義経済の構造論として流通形態論・個別資本論・社会的総資本論の三部構成を採用し、さらに資本主義経済の動態論として蓄積論（そのなかに、従来は生産論に含まれていた再生産過程論と蓄積過程論を含めている）をこれに付加して、全体では四部構成を採用している。これは、構造論の中にいわば埋没している、長期的な波動（景気循環）として現れる資本主義の経済的下部構造全体のもつ巨視的な動態的性質を明確にして、構造そのものを形成し維持している資本主義の構成諸要素の恒常的・微視的な動態的性質（例えば、競争）とは一線を画すためである。とは言っても、この長期的な波動が資本主義の構造を練り直し構築する作用を軽視しているわけではない。しかし、この場合はすでに存立している構造の骨格を多かれ少なかれいったん崩壊させたあとの、いわば骨組みからの再構築であり、すでに存立している構造の主要な骨組みは変えることなく、それを前提にしたまま、例えば生産性水準などの基本的性格をそのまま維持しながらの、部分的・補修的な構築とは明らかに異なる。

　このような基本的視角によって、本書では、構造論から長期的動態論を分離独立させ、さらに資本主義経済の実体論的側面の分析を主眼とした従来の生産論は、個別産業資本の存立構造とその運動の性格分析を担うものとして単純化し、さらに実体と形態との総合的過程を分配論として分析することを主眼としてきた従来の分配論を、社会的分業を軸としたこれらの

【２】 個別資本の運動過程

個別産業資本の総体的な関連から形成される社会的総資本の有機的編制、および、その分節化による構造の多層化・重層化といった資本主義の全体的な存立構造の原理的分析を担う、社会的総資本論として再編成している。

【3】 社会的総資本の均衡編制

Ⅶ 一般的利潤率の形成

（1）社会的分業と経済原則

　歴史上のいかなる社会においてであれ、個別的労働生産過程の社会的な全体集合は、その規模の大小、その内容の複雑さの度合い、その編制の方式の違いといった種々の差をともないながらも、その社会の歴史的な発展段階に応じた様式で、社会的分業という形で社会的労働生産過程を編制している。そこでは個々の労働は社会的分業を構成する一分子として社会的分業に編み込まれている。この社会的分業の、どのような社会形態のもとでも共通する具体的な内実は、社会の諸々の生産部門や産業が相互に全面的に依存しあう産業連関体であって、社会のもつ総労働——すでに生活物資や生産手段といった物的形態で存在している過去の労働と、現在活動中である直接労働および労働力あるいは労働者という人的形態で存在している未来の労働（潜勢状態にある直接労働）との総和——は、具体的有用労働としての質的側面においても抽象的人間労働としての量的側面においても、社会の各産業に適正に配分され、均衡的かつ有機的に編制されることで、その社会に適した方式でそれなりに統一的な諸産業の連結構造を作り上げている。この産業連関体によって、社会の必要とする多種多様の生産物を社会の必要とする分量で——もちろん、そこにはかなりの弾力性あるいは許容範囲があるのではあるが、同時に一定の許容限度も存在しているのであって、社会の存続のためには、他の社会からの収奪や略奪や贈与などによらない限りは、必要最低限度以上の物量は生産によって必ず確保しなければならない——生産し、社会の各成員に提供することが可能となる。したがって社会的総労働が社会の各生産部

門に効率よく適正に配分され、その結果として各生産部門が社会的に適切に配置され、それに基づいて諸々の産業が均衡的に繋がりあうことが、いかなる社会といえども存立し存続するために必要不可欠な経済上の大原則、いわゆる経済原則なのである。

　いま、社会の経済がa財を生産するA産業とb財を生産するB産業の二つの産業で成り立っていて、さらにそれらの一定期間の（たとえば１年間の）生産技術上の相互依存関係が、次のような数値群をもつ２産業・２財モデルの産業連関表（投入産出表ともいう）で与えられているものとする。（ちなみに、こうした産業連関表を用いて現実の経済過程を分析する手法は、20世紀の前半、1941年にすでにレオンチェフによって開発されているが、本書で使用した産業連関表は一般の産業連関表に多少手を加えてある。）

〈表１〉使用価値量（物量）表示

投入＼産出	A Pm	A Lm	B Pm	B Lm	剰余	合計
A	10 a	（3 a）	20 a	（2 a）	5 a	40 a
B	36 b	（6 b）	24 b	（4 b）	10 b	80 b
新規労働量	36		24			

　（　）は、生産過程には直接的には入らないことを示している。また、剰余と合計の欄は投入には関係なく産出のみに関わる項目であるため、横に見たときにのみ意味をもつ。これらの点は以下の産業連関表でも同じである。また同一の表には同一の番号が付してある。

　〈表１〉は、この社会がこの条件で年々存在し続けるには、物質的にはa財40単位とb財80単位の生産と消費が必要であるということのほかに、次のことを示している。縦の投入の欄は、A産業では１年間に生産手段としてa財10単位とb財36単位が、生産者（その家族も含めて）の生活物資としてa財３単位とb財６単位が消費され、さらにこの生産者たちによって36単位の新規労働が行われることを、同じく、B産業では１年間に生産手段としてa

財20単位とb財24単位が、生産者の生活物資としてa財2単位とb財4単位が消費され、さらにこの生産者たちによって24単位の新規労働が行われることを示している。横の産出の欄は、縦の投入欄の結果として、A産業では1年間に40単位のa財が生産されて、そのうちの10単位と20単位がそれぞれA、B両産業の生産手段として、3単位と2単位がそれぞれA、B両産業の生産者用の生活物資となり、最後の5単位のa財が剰余として産業外の消費に回されることを示している。同じく、B産業では1年間に80単位のb財が生産されて、そのうちの36単位と24単位がそれぞれA、B両産業の生産手段として、6単位と4単位がそれぞれA、B両産業の生産者用の生活物資となり、最後の10単位のb財が剰余として産業外の消費に回されることを、示している。

なお、この相互依存的な投入・産出の関係は、資本の運動形式にならって——といっても、ここで資本主義経済そのものを取り扱っているわけではなく、歴史一般的な規定を抽象的に与えているに過ぎないのであるが、こういう場合にも資本の運動形式に即した理解は役に立つことになる——次のように表わすこともできる。

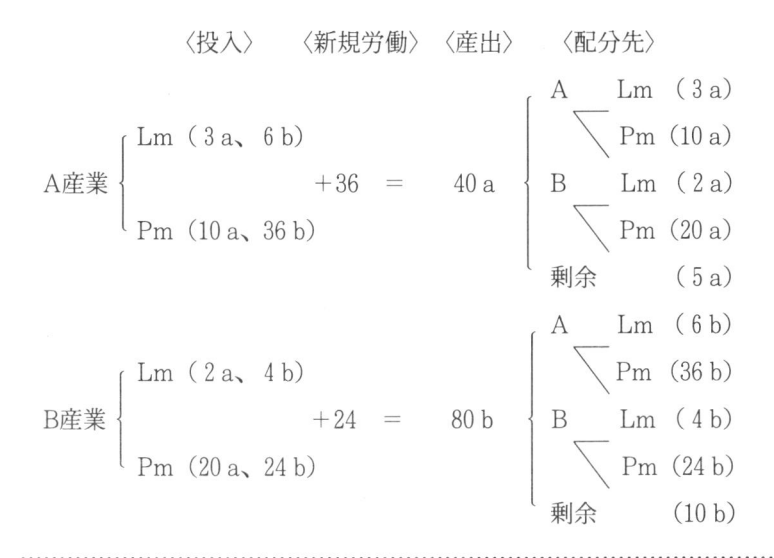

〈投入〉　〈新規労働〉　〈産出〉　〈配分先〉

A産業 ｛ Lm（3a、6b）
　　　　　　　　　　　＋36　＝　40a ｛ A　Lm（3a）
　　　　　　　　　　　　　　　　　　　　　　Pm（10a）
　　　　Pm（10a、36b）　　　　　　　　B　Lm（2a）
　　　　　　　　　　　　　　　　　　　　　　Pm（20a）
　　　　　　　　　　　　　　　　　　　剰余　　（5a）

B産業 ｛ Lm（2a、4b）
　　　　　　　　　　　＋24　＝　80b ｛ A　Lm（6b）
　　　　　　　　　　　　　　　　　　　　　　Pm（36b）
　　　　Pm（20a、24b）　　　　　　　　B　Lm（4b）
　　　　　　　　　　　　　　　　　　　　　　Pm（24b）
　　　　　　　　　　　　　　　　　　　剰余　　（10b）

$$
総計 \begin{cases} Lm（5 a、10 b）\\ \\ Pm（10 a、36 b）\end{cases} +60 =（40 a、80 b）\begin{cases} A \begin{cases} Lm（3 a、6 b）\\ Pm（10 a、36 b）\end{cases} \\ B \begin{cases} Lm（2 a、4 b）\\ Pm（20 a、24 b）\end{cases} \\ 剰余 \quad （5 a、10 b）\end{cases}
$$

ここで、生産性などの生産諸条件や社会的必要量などに変化がなくて、この相互依存関係が毎年繰り返される場合は、次の連立方程式の解、

$$
\begin{cases} 10a + 36b + 36 = 40a \\ 20a + 24b + 24 = 80b \end{cases}
$$

$(a、b)=(3、1.5)$ を用いることで、〈表1〉の使用価値量（物量）表示の産業連関表は、次の〈表2〉の労働量表示での産業連関表に変換可能である。

〈表2〉労働量表示

投入＼産出	A Pm	A Lm	B Pm	B Lm	剰余	合計
A	30	（9）	60	（6）	15	120
B	54	（9）	36	（6）	15	120
新規労働量	36		24			

なお、投入労働量の合計に関しては、生産物の視点からはA・B両産業ともそれぞれの新規労働量、36、24を含めた120になるが、生産要素の視点からは——この場合、労働力は生活物質と代置されることになる——A産業では102、B産業では108となる。そのため、投入労働量の合計は省略してある。この点は以下の〈表2〉〈表9〉でも同じである。

〈表2〉の内容を、a財、b財の含む労働量を一括したうえで、資本の運動形式にならって表すと、次のようになる。

【3】 社会的総資本の均衡編制

〈投入労働量〉〈新規労働〉〈産出労働量〉〈配分先〉

A産業 (102) { Lm (18) / Pm (84) } +36 = 120 { A (39) / B (66) / 剰余 (15) }

B産業 (108) { Lm (12) / Pm (96) } +24 = 120 { A (63) / B (42) / 剰余 (15) }

....

合計 (210) { Lm (30) / Pm (180) } +60 = 240 { A (102) / B (108) / 剰余 (30) }

なお、この最後の合計の部分は、生産者が１年間に30単位の労働を含む生活物資を消費することでその労働力を再生産し、生産手段の含む労働のうち180単位の労働を消耗しながら60単位の新規労働を行い、１年間で合計240単位の労働を含む生産物を生産している関係を表わしている。この表はあくまでも１年間のフローの集計なので生産手段の含む総労働量は特に設定していないが、仮に生産手段が平均10年間ですべて消耗されてしまうものとすれば、生産手段の含む総労働量は、この例では、180×10＝1800労働単位ということになり、残りの1620単位の労働を含む生産手段は、生産には関わっているとはいえ、表の外に存在することになる。したがって、この180単位の労働は、この年に消耗された生産手段部分を補塡する部分となる。ただし、以下の議論では無用な煩雑さを避けるために、表外に存在する生産手段の存在は捨象することにする。あるいは、結果的には同じことになるが、全生産要素の１年あたりの平均消費量が表の数値であると理解してもよい。

使用価値量（物量）表示による生産技術上の相互依存関係を媒介項とすることで、諸産業の連結構造は、原理的あるいは数学的には、労働量を単位とした量体系として一元的に表わすことが可能である。それは、無償では得ら

れない物的有用物はすべて労働生産物として人間労働の投入によって獲得されざるを得ないという、太古から連綿として続く人間対自然の根源的な関係に窮極の根拠をもつものである。しかし、この社会的な労働量の関係は、社会的な諸関係が幾層にも重なり合い連結し合う相互影響的な複雑な量体系であるうえに、現実的には技術革新による生産性の変化や需要の質的・量的な変動が絶えず無数の要素を流動させているために、使用価値量表示の量体系を労働量表示の量体系に、近似的にはともかく、正確に変換することは技術的に不可能である。そのため、社会の全産業の労働量での繋がりは潜在領域における不可視の量体系として、可視領域——ここでの例で言えば、使用価値量（物量）体系——の基底に存在することになる。とはいえ、それは厳然として存在する根源的関係性なのであって、現時点での人間の科学力・技術力では、対象が余りにも巨大かつ複雑すぎるために、ただ概念的にのみ、あるいは実用に供するには粗雑過ぎる程度に、把握可能であるというに過ぎない。

　しかし例えば、かなりの種類の膨大な労働を要する大規模なピラミッドや古墳や大城郭を建造するのに、当初こそ手探り状態であったであろうが、幾千人・幾万人の職人や労働者で幾年・幾十年の歳月が必要であるという形で、大幅な近似ではあるが必要な労働量の関係は昔から様々な社会で経験的に把握されてきたのも事実であって、科学と技術の進歩および社会組織や人間のあり方次第では、社会による計画的な経済運営のために実際に使用可能な水準にまで近似的に接近することが、これからも不可能とは断言できない。さらには社会的な必要労働量の関係を基礎に、利潤率に替わる社会的な経済的量基準の形成がもたらされる可能性も否定できない。いずれにせよ、物量・労働量どちらの表示方式であっても、社会が存続していくためには、これらの表示の意味する諸産業の相互依存的な均衡編制の形成と維持とが、経済上の大原則として経済的・物質的な絶対条件となることに変わりはない。

　資本主義経済では、個別的存在である諸々の産業資本が、このような一定の労働量体系として条件化できる経済原則を内包している社会的分業に対し

て、その構成部分を分断しながら、その一部ずつを自分の価値増殖の根拠として内部化しているのである。したがって資本主義経済では、この社会的分業あるいは産業連関が、市場的関連を通した諸資本相互の絡み合いの総体という形で再編制されることになる。そしてそれは、再編制の実際の主体が個別資本であるということを意味するとともに、社会的分業に内在している労働量体系としての経済原則を、資本主義経済は諸資本の関係を通して充足するということを意味している。すなわち、あらゆる社会に存在する経済原則は、資本主義経済においては個別資本の利潤獲得競争——利潤率の高さと利潤率の動きを最も重要な判断基準とし行動指針としながら、ひたすら価値増殖本能に突き動かされて邁進する利潤獲得競争——に媒介されて充足される以外に方法はなく、したがって、個別資本のこのような性格に強く規定された資本主義独自の方式で充足されることになるのである。

（2）生産価格と利潤率均等化の法則

〈1〉

　単なる価値増殖ではなく、効率のよい最大の価値増殖を追求しているそれぞれの個別的産業資本は、より高い利潤率での、より大きな利潤の獲得を目指して、市場という外部の世界で激しい競争を展開する。需要などの大きな変化が原因で産業編制上に構造的な歪みが生じ、その結果、社会的な需要が社会的な供給をある程度継続的に上回っている場合には——瞬間的あるいは一時的（ごく短期間）な軽微の不均衡の場合には、当該産業資本群が生産量の増加を通して機動的に対応することによって需給ギャップは迅速に埋められることになるが、そういった資本の対応では迅速に埋めることができないような、構造的な原因による需給の不均衡が存在する場合には——その商品の価格は相対的に高い水準にあるため、その商品の生産を担当する資本には他の生産部門を担当する資本よりも相対的に高い利潤率が与えられる（実際

上は相対的に高い利潤率によって、その商品の価格が相対的に高い水準にあるということが事後的に分かることもある)。そのため諸資本は、新規資本であれ既存資本による追加投資であれ、この商品の生産部門に参入してくることになる。逆に、同様に構造的な原因によって社会的供給が社会的需要をある程度継続的に上回っている場合には、その商品の価格は相対的に低い水準にあるため、その商品の生産を担当する資本には他の部門を担当する資本よりも相対的に低い利潤しか与えられない(ここでも実際上は相対的に低い利潤率によって、その商品の価格が相対的に低い水準にあるということが事後的に判断できることもある)。そのためこの商品を生産している資本の一部は、おそらく最も不利な条件で競争している個別資本から順に、その全体であれその一部であれ、この生産部門から撤退することを余儀なくさせられるのである。

こうした個別的諸資本の絶えざる生産部門間あるいは産業間の流出入運動のうちに、一方では、社会的な需給の不均衡が絶えず生じては絶えず打ち消され調節されていくために、社会的需給の動的均衡がもたらされるのであるが、それは、社会的総労働の各生産部門への適正配分と諸産業の均衡編制という経済原則が充足され、社会が経済的には安定的に維持されていることの現われに他ならない。それと同時に他方では、このこと——経済原則が充足され社会が経済的に安定的に維持されていること——の反面として、各生産部門間で発生する利潤率の不均等も不断に均されていくために、このような利潤率の上下運動のなかに、その重心として、社会的に平均的な利潤率が形成されることになる。そしてこれこそが、諸資本の競争に媒介された利潤率の外部的な決定方式あるいは形成方式なのである。

こうして、経済原則の充足が社会的需給の均衡と平均的な利潤率の形成とをもたらすのであって、資本主義経済ではこの二つのことは同じメダルの表と裏、両面の関係になっている。これに基づいて、資本主義経済においては社会的な需給関係と各資本の個別的利潤率とは、経済原則が満たされるときのそれぞれの水準を基準にして変動することになる。逆に言えば、需給関係

【3】 社会的総資本の均衡編制

の変動や利潤率の動きは、諸資本相互の相互規制的な競争圧力を通すことで経済原則を充足するように絶えず強制的に誘導され調節されている、つまり、経済原則に法則的に規制されているのであって、これこそが、いわゆる価値法則——商品の価値はその生産に必要な社会的労働量によって規定されるという価値法則——が貫徹しているということの真の意味なのである。

　この、社会的に平均的な利潤率を平均利潤率あるいは一般的利潤率という。そして、市場という外部過程を舞台に繰り広げられる諸資本の不断の利潤獲得競争を通して、絶えざる変動のなかに利潤率が社会的に均等化し、必然的に一般的利潤率に相当する水準が形成されてくることを利潤率均等化の法則という。この法則は、一般的利潤率の形成こそ——経済原則が充足されていることの反映であり、したがって価値法則が貫徹しているということの現実的な証明である、ということのほかに——異なった生産条件で成り立っている異種産業を担当することから不可避的に生じてくる年平均資本構成の差という、資本自身の力では社会的に均等化することが不可能な差を、各個別資本が均等な利潤率で利潤を獲得し合うことで現実的に乗り越え（解決し）、それによって資本としての平等性あるいは機会均等性を確保する、資本主義独自の方式に他ならないということを示している。なお、均等な利潤率での利潤を平均利潤といって、費用価格に一般的利潤率を乗じることで求めることができる。

　かくして資本どうしの絶えざる利潤獲得競争に支えられて、社会の各生産部門・各産業部門を担当する社会的に標準的な諸資本には——あくまでも結果的・事後的に、さらに言えば近似的にではあるが——、一定期間にわたる平均として均等な利潤率が保証されることになる。そして、これを商品の価格として反映させたのが、他ならぬ生産価格（スミスやリカードウの用語法では自然価格）である。すなわち、社会のどの生産部門であれ、どの産業部門であれ、選択した部門の種類に関係なく、その部門の標準的な資本に平均利潤を保証することのできる、それぞれの商品種ごとの一定の価格水準が生産価格なのである。これにより、各部門の標準的資本の個別利潤が平均利潤

と等しくなり、その資本の個別的利潤率が一般的利潤率と等しくなるので、「商品価値＝費用価格＋剰余価値（付加価値）」の内部構成が価格次元に転化して得られた「販売価格＝費用価格＋個別利潤」の定式は、この標準的資本の生産する商品の場合には、

　　　　　生産価格＝費用価格＋平均利潤

となる。

さらに、　平均利潤＝費用価格×一般的利潤率　で求められるので、

　　　　　生産価格＝費用価格＋費用価格×一般的利潤率

より、

　　　　　生産価格＝費用価格×（１＋一般的利潤率）

となる。

〈２〉

　このように、生産価格体系——体系というのは、社会のすべての一般商品の価格が、費用価格＋平均利潤、という同一の基準のもとに秩序付けられて全体的な関連を形成しているからであるが——は、一方では、（ⅰ）歴史貫通的な一般的条件である経済原則を充足する価格体系であり、それと同時に、他方では、（ⅱ）担当する産業の差異によって資本間に有利・不利の差が生じないようにするという、特殊資本主義的条件をも充足する価格体系でもある。このことを、先の２産業２財モデルを例にとって見てみよう。

〈表１〉使用価値量（物量）表示

投入＼産出	A Pm	A Lm	B Pm	B Lm	剰余	合計
A	10 a	（3 a）	20 a	（2 a）	5 a	40 a
B	36 b	（6 b）	24 b	（4 b）	10 b	80 b
新規労働量	36		24			

【3】 社会的総資本の均衡編制

〈表2〉労働量表示

投入＼産出	A Pm	A Lm	B Pm	B Lm	剰余	合計
A	30	(9)	60	(6)	15	120
B	54	(9)	36	(6)	15	120
新規労働量	36		24			

すでに見たように、〈表1〉も〈表2〉も、社会的分業を構成するa財生産部門のA産業とb財生産部門のB産業とが均衡的に編制されていて、社会存立のための経済原則を充足していることを示している。

さて、この社会が資本主義社会であり、これらの社会的分業が、A産業を担当する資本群（以下これをA資本とする）とB産業を担当するB資本群（これをB資本とする）とで運営されていて、a財、b財それぞれ1単位の生産価格をそれぞれα、βとすると、次の〈表3〉になる。

〈表3〉生産価格α、β表示

投入＼産出	A C	A V	B C	B V	剰余	合計
A	10α	(3α)	20α	(2α)	5α	40α
B	36β	(6β)	24β	(4β)	10β	80β
新規労働量	〈36〉		〈24〉			
合計	$13\alpha+42\beta$		$22\alpha+28\beta$			

〈 〉は投入の合計に算入されないことを示す。以下同じ。

〈表3〉の関係を資本の運動形式に即して表すと、次のようになる。

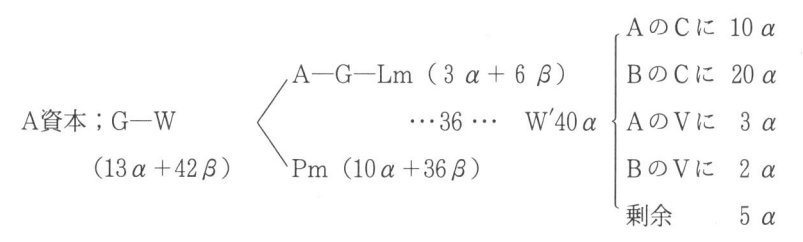

A資本；G—W $(13\alpha+42\beta)$ 〈 A—G—Lm $(3\alpha+6\beta)$ ⋯36⋯ W′40α 〈 AのCに 10α / BのCに 20α / AのVに 3α / BのVに 2α / 剰余 5α
Pm $(10\alpha+36\beta)$

$$
\text{B資本；G－W} \begin{cases} \text{A－G－Lm}(2\alpha+4\beta) \\ \qquad\qquad\cdots 24\cdots\quad W'80\beta \\ \text{Pm}(20\alpha+24\beta) \end{cases} \begin{cases} \text{AのCに}36\beta \\ \text{BのCに}24\beta \\ \text{AのVに}6\beta \\ \text{BのVに}4\beta \\ 剰余\quad 10\beta \end{cases}
$$

$(22\alpha+28\beta)$

$$
\text{総資本；G－W} \begin{cases} \text{A－G－Lm}(5\alpha+10\beta) \\ \qquad\qquad\cdots 60\cdots\quad W'\cdots \\ \text{Pm}(30\alpha+60\beta)(40\alpha+80\beta) \end{cases} \begin{cases} \text{AのCに}10\alpha+36\beta \\ \text{BのCに}20\alpha+24\beta \\ \text{AのVに}3\alpha+6\beta \\ \text{BのVに}2\alpha+4\beta \\ 剰余\quad 5\alpha+10\beta \end{cases}
$$

$(35\alpha+70\beta)$

　ここで一般的利潤率をrとして、次の連立不定方程式を解けば、αとβとの比率、21：11が求められる。（言うまでもないことではあるが、ここで計算によって導き出している解を、現実世界では諸資本の競争が導き出しているか、あるいは作り出しているのである。）

$$(13\alpha+42\beta)(1+r)=40\alpha$$
$$(22\alpha+28\beta)(1+r)=80\beta$$

（または、$40\alpha/(13\alpha+42\beta)=80\beta/(22\alpha+28\beta)$の不定方程式を解いても同じ結果が得られる。）

　そこで、この比率のまま、α＝21貨幣単位、β＝11貨幣単位、とすると、次の〈表4〉の生産価格表示になる。（なお、「Ⅵ　個別資本の総過程」の「（1）労働量と価格」の内容と関連することであるが、貨幣金1単位の名称を設定すれば、このαやβは、円やドルやポンドなどの具体的な貨幣名に変換可能であるし、貨幣金1単位の含む社会的労働量が与えられれば、金の含む社会的労働量にも変換可能である。）

【3】 社会的総資本の均衡編制

〈表4〉生産価格表示

産出＼投入	A C	A V	B C	B V	P	P′	合計
A	210	(63)	420	(42)	105	1／7	840
B	396	(66)	264	(44)	110	1／7	880
新規労働量	〈36〉		〈24〉				
合　計	735		770		215	1／7	1720

〈表4〉の関係を資本の運動形式に即して表すと、次のようになる。

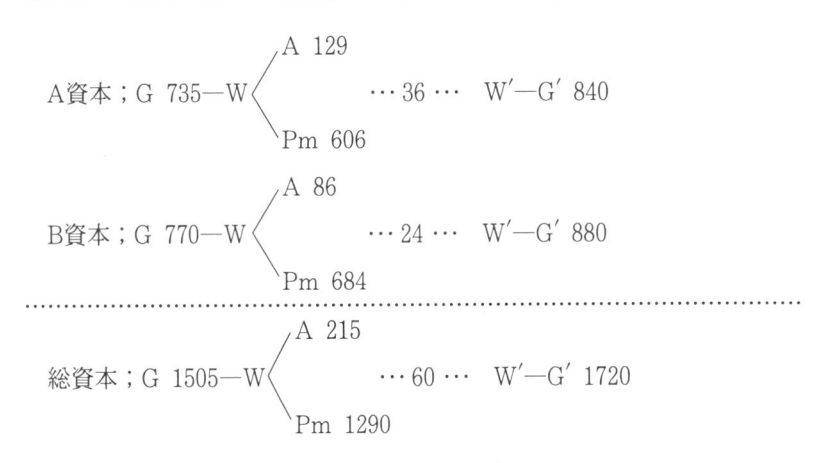

A資本；G 735—W ⟨ A 129 / Pm 606 ⟩ …36… W′—G′ 840

B資本；G 770—W ⟨ A 86 / Pm 684 ⟩ …24… W′—G′ 880

....

総資本；G 1505—W ⟨ A 215 / Pm 1290 ⟩ …60… W′—G′ 1720

以上をまとめると、次のようになる。

	A資本	B資本	総資本
Z比	129／606≒0.21	86／684≒0.13	215／1290≒0.17
利潤	105	110	215
利潤率	105／735＝1／7	110／770＝1／7	215／1505＝1／7

（なお、この例では事態を単純化するために、全資本の年回転数を1回に設定してある。そのため年平均資本構成は単なる資本構成と等しくなっている。）

この設定例が示しているように、価格現象で覆われている市場的関連の基底に潜在化している不可視の労働量体系（実体量体系）を維持したまま、同時に、社会的需要を満たす商品を生産する各資本には平等な利潤率を保障する可視の価格量体系（形態量体系）が、生産価格体系なのである。資本主義経済は、この生産価格体系の形成という独自な方式を通して経済原則と特殊資本主義的条件との二大条件を両立させ、そのことによって一つの自立した経済体制を構築することが可能となったのである。

〈3〉
　生産価格は、競争の圧力が動的に均衡する水準で平等な利潤率を形成し、そのことで、資本の力では社会的に均等化できない、したがってそれぞれの資本が所与の前提として受け入れざるを得ない資本間のZ比の差を資本家社会的に処理するものである。そしてそれは、商品に含まれている社会的労働に対する市場での価値評価（評価比率）を、商品種ごとに変えるという商品経済に独自な方式で成し遂げられている。比喩的に言えば、同一量の燃料（労働量）を消費しても内燃機関（資本構成）の違いによって燃焼効率（評価率）に差が生まれ、その結果、異なる大きさの出力（生産価格）が発揮されるようなものである。あるいは、同じ光線（労働量）がレンズ（資本構成）の違いによって屈折率（評価率）に差が生まれ、その結果、異なる焦点（生産価格）を結ぶようなものと言ってもよい。なお、このことは逆に言えば、同じ種類の商品を生産する同一生産部門の場合に典型的にみられるように、異なる大きさの投入量（労働量）であっても同じ大きさの産出量（価格・生産価格）になることが可能であるということでもある。
　そこで、社会的労働量に価格次元での量的偏倚をもたらす市場での評価替えのケースを、先ほどの例に即して見てみよう。（既述のように、①の解釈が資本主義経済の深層と表層との関係を最も的確に把握しているが、事態が順調に進行している場合には、①の解釈と比較すれば認識の深度は浅くても、②③の解釈でも表面的には矛盾は生じない。このように多面的な解釈を許す

【３】　社会的総資本の均衡編制

資本主義経済の複雑な重層性が、色々な商品経済的観念を成立させる大きな素地になっていると言えるであろう。）

　①商品に対象化されている労働全体に対する市場の評価という観点；
この観点からは、A資本の生産したａ財40単位の含む120の総労働に対しては840の貨幣評価が、B資本の生産したｂ財80単位の含む120の総労働に対しては880の貨幣評価がなされている。すなわち、ａ財の含む１単位の労働に対しては７の、ｂ財の含む１単位の労働に対しては22／3の貨幣評価がなされているが、全体の平均が240の総労働に対して1720、１単位の労働当たり43／6の貨幣評価なので、資本構成の低いA資本から資本構成の高いB資本に、１労働単位当たり１／6の、したがって、交換価値が労働量に正比例する場合と比較して、総量で20の交換価値の移転が生じていることになる。

　②新規労働に対する市場の評価という観点；
この観点からは、ａ財40単位の含む36の新規労働に対しては234の、１労働単位当たり39／6の貨幣評価がなされ、ｂ財80単位の含む24の新規労働に対しては196の、１労働単位当たり49／6の貨幣評価がなされている。全体の平均が60の新規労働に対して430、１労働単位当たり43／6の貨幣評価なので、ここでもA資本からB資本に対して、Aの１労働単位当たり２／3の（Bの１労働単位当たりでは１の）、したがって総量で24の交換価値の移転が生じていることになる。なお、この解釈によれば、不変資本部分（C）に関しては、購入時の貨幣評価がそのまま維持されていて、Aの場合は606、Bの場合は684が、その評価のまま新商品の価値に移転するものとして処理されることになる。

　③剰余労働に対する市場の評価という観点；
この観点からは、ａ財40単位の含む18の剰余労働に対しては105の、１労働単位当たり35／6の貨幣評価がなされ、ｂ財80単位の含む12の剰余労働に対

しては110の、1労働単位当たり55／6の貨幣評価がなされている。全体の平均が30の剰余労働に対して215、1労働単位当たり43／6の貨幣評価なので、ここでもA資本からB資本に対して、Aの1労働単位当たり4／3の（Bの1労働単位当たりでは2の）、したがって総量で24の交換価値の移転が生じていることになる。なお、この解釈によれば、費用価格部分（C＋V）に関しては、購入時の貨幣評価がそのまま維持されていて、Aの場合は735、Bの場合は770が、その評価のまま新商品の価値に移転するものとして処理されることになる。

　以上より、いずれの観点、いずれの解釈を採用しようとも、結果的には同じことになる。すなわち、A資本の投下した735の資本が、その1／7の付加価値を生み、したがって105の利潤を生み出したものとして、また、B資本の投下した770の資本が、その1／7の付加価値を生み、したがって110の利潤を生み出したものとして、資本主義的には処理されるのである。そして、どの評価方式で事態を捉えても、年平均資本構成の低いA資本には相対的に低い倍率での貨幣評価が与えられ、年平均資本構成の高いB資本には相対的に高い倍率での貨幣評価が与えられて、A資本からB資本への交換価値の移転が生じ、年平均資本構成（Z比）の違いに対する巧妙なカウンター・バランス（調整付均衡）がとられていることになる。

　剰余価値率を一定とすれば、年平均資本構成の低い資本は、投下資本量と比較して相対的に大きな割合の充用可変資本量――充用可変資本量＝前貸し可変資本量（1回転当りの可変資本量）×回転数――で労働者を雇うため、雇用労働者数が相対的に多くなる。その分、資本家の得る剰余労働もそれだけ大きくなる。それに対して、年平均資本構成の高い資本は、投下資本量と比較して相対的に小さな割合の充用可変資本量で労働者を雇うため、雇用労働者数が相対的に少なくなる。その分、資本家の得る剰余労働もそれだけ小さくなる。そのため、もし、労働量に比例した価値が形成され、その価値量で販売されれば、年平均資本構成の高い資本の資本家は年平均資本構成の低

い資本の資本家と比較して、低い利潤率での利潤しかあげられない。そうなると資本の部門間移動が生じて経済原則を満たす均衡的な産業連関が壊れることになり、経済原則が満たせなくなる。資本主義経済は、いわばその本能によって無意識のうちに、あるいは盲目的に、こうした事態の発生を防ぐために各資本を市場で競争させ、経済原則を満たす均衡的な産業連関を維持したまま、競争のもつ相互規制作用を通してA・B両方の資本が等しい利潤率をあげられるように労働量の評価率を調整しているのである。その結果、年平均資本構成の低いA資本の生産するa商品は相対的に低い評価率で、年平均資本構成の高いB資本の生産するb商品は相対的に高い評価率で、それぞれ価格に変換され、生産価格体系を形成することになる。

　以上を要するに、資本主義経済において恒常的に再生産可能なすべての物的一般商品がもつ社会的量基準としての価値（基準的交換価値）とは、人間社会にとって根源的な量関係である社会的必要労働量の関係が、資本間の平等性の確保という特殊資本主義的条件を満たすように価格次元で量的に偏倚して、生産価格として現れたものに他ならないのであって、実体的条件と形態的条件とを同時に満たす量概念、いわば実体量と形態量とを統合した資本主義経済に独自な量概念、それが価値なのである。あるいは、社会的労働量に規制され生産価格として現れる商品の特殊社会的な量的性格が価値なのである。そして、これこそが価値の"本質"なのである。したがって、価値とは商品に対象化されている社会的労働量そのものでもなければ、生産価格そのものでもない。もちろん、市場価格そのものでもない。多少哲学的に言えば、資本主義経済は、経済原則という歴史普遍的な量関係・量的条件と平等な利潤率という特殊資本主義的な量関係・量的条件との双方を充足することで成立しているのであるが、こうした資本主義経済の重層的な量的性格を個々の商品に転写し、個々の商品自体がもっている量的性格として物象化したものが商品の価値概念であると、言えるであろう。なぜ商品かといえば、個々の商品こそ資本主義経済を作り上げている最も基礎的な形態、その細胞形

態であり、さらに資本主義経済のすべての動きが、最終的には商品の交換価値あるいは価格に凝縮され集約されて表されるからである。こうした価値概念のもつ多面的・重層的な性格が——彼らとは多少異なる意味合いにおいてではあるが——『価値という言葉に付されている曖昧な観念ほど、この学問において多くの誤謬と多くの意見の相違が発生する源泉はほかにない』（リカードウ）と言わしめ、『（マルクスの）価値論は神秘化である』（J. ロビンソン）とまで言わしめたのである。だが、マルクスが価値論を神秘化したわけではない。価値自体が神秘的なのである（ロビンソンに関しては、J. ロビンソン『マルクス経済学』戸田武雄、赤谷良雄訳、有斐閣、1951年、を参照のこと）。

〈4〉

　諸資本の競争は、もともと投下労働量に比例する必要のない評価方式をもつ価格形態の性格を根拠に生産価格を成立させることになるのであるが、他の資本との関係が入り込んだ生産価格の成立によって——それとともに、利潤率の規定要因の一つである費用価格（$P'=P/(C+V)$ の定式における、$C+V$）も当然のことながら生産価格化されてくるのであって——産業資本の価値増殖は必要労働と剰余労働との関係だけでは単純には捉えられなくなってくる。この点を、お馴染みの紡績資本の例で見てみよう。

　「Ⅵ　個別資本の総過程」論で設定した条件は、必要労働6時間、1日の労働12時間、1日の平均賃銀3ｓ、綿花1㎏の購買価格1.5ｓ、紡績機1時間使用分の減価償却費0.5ｓ、綿糸1㎏の販売価格3ｓ、であった。今やここでの価格はすべて生産価格とみなすことができる。さて、この紡績資本家が損失を出さないためには、下図のように、必要労働の6時間ではなく、少なくとも3時間の新規の紡績労働でよいことになる。以後、このいわゆる損益分岐点に相当する1日あたりの新規労働時間を最低必要労働時間と呼び、そのときの生産量を最低必要生産量と呼ぶことにする。

【3】 社会的総資本の均衡編制

新規労働が3時間の場合のこの関係を図示すると、次のようになる。

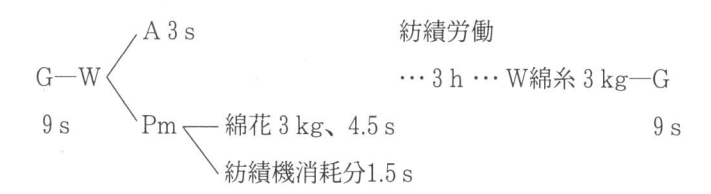

$$G-W \begin{cases} A\ 3s \\ Pm \begin{cases} 綿花3kg、4.5s \\ 紡績機消耗分1.5s \end{cases} \end{cases} \cdots \overset{紡績労働}{3h} \cdots W綿糸3kg-G$$
$$\ \ \ \ 9s \qquad\qquad\qquad\qquad\qquad\qquad\qquad\qquad\qquad 9s$$

　この紡績資本家が利潤を得るためには、1日の労働時間を最低必要労働時間の3時間よりも延長して最低必要生産量の3kgを上回る量の綿糸を生産すればよい。労働を1時間延長するごとに1kgの綿糸が生産されて3sの販売代金が得られるが、賃銀の3sは最初の3時間の労働ですでに回収済みなので、この売上げ3sのなかから回収しなければならない費用価格の部分は、綿花の消費量1kgの代金1.5sと紡績機消耗分0.5sの合計2s（この費用価格の部分は以下のⅰ、ⅱ、ⅲの例でも同じ）である。したがって労働時間を1時間延長するごとに、3－2＝1s　の利潤が得られることになる。そのため必要労働時間の6時間では、すでに3sに相当する剰余価値が形成されている。さらに、12時間労働の場合には最低必要労働時間を9時間上回っているので9sに相当する剰余価値が形成されるのである。

　いま何らかの事情によって綿糸の生産価格が下落して、異なる時期に、例えば1kgあたり、（ⅰ）2.5s、（ⅱ）2.4s、（ⅲ）2.25s（2s3d）、の3通りの状況が生じたとしよう（簡略化のため、そのほかの条件は不変とする）。

　（ⅰ）の場合の最低必要労働時間は、必要労働時間の6時間とちょうど等しい6時間で、1時間の延長ごとに1kgの綿糸が生産されて2.5sの販売代金が得られるが、1時間の延長で負担しなければならないのは、費用価格のうち、不変資本部分の2sのみである。したがって、1時間の労働延長ごとに2.5－2＝0.5s　に相当する剰余価値が形成されるため、12時間労働では、

$6 \times 0.5 = 3s$ の利潤が得られる。なお、損得ゼロの、6時間の場合を図示すると、次のようになる。

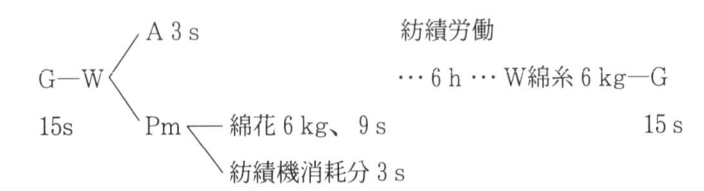

$$G-W \begin{cases} A\ 3s \\ Pm \end{cases} \begin{cases} \\ 綿花6kg、9s \\ 紡績機消耗分3s \end{cases} \quad \begin{array}{c} 紡績労働 \\ \cdots 6h \cdots W綿糸6kg-G \\ 15s \end{array}$$

15s

（ⅱ）の場合の最低必要労働時間は7.5時間で、1時間の延長ごとに、$2.4-2=0.4s$ に相当する剰余価値が形成されるため、12時間労働では $4.5 \times 0.4 = 1.8s$ の利潤が得られる。なお、損得ゼロの、7.5時間の場合を図示すると、次のようになる。

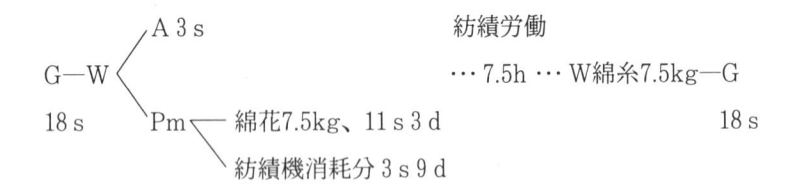

$$G-W \begin{cases} A\ 3s \\ Pm \end{cases} \begin{cases} \\ 綿花7.5kg、11s\ 3d \\ 紡績機消耗分3s\ 9d \end{cases} \quad \begin{array}{c} 紡績労働 \\ \cdots 7.5h \cdots W綿糸7.5kg-G \\ 18s \end{array}$$

18s

（ⅲ）の場合の最低必要労働時間は、ちょうど1日の労働時間と等しい12時間だから、12時間労働では損失もない代わりに利潤もないことになる。なお、損得ゼロの、12時間の場合を図示すると、次のようになる。

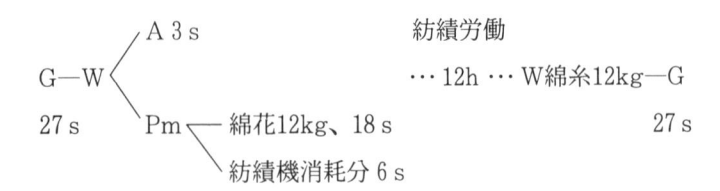

$$G-W \begin{cases} A\ 3s \\ Pm \end{cases} \begin{cases} \\ 綿花12kg、18s \\ 紡績機消耗分6s \end{cases} \quad \begin{array}{c} 紡績労働 \\ \cdots 12h \cdots W綿糸12kg-G \\ 27s \end{array}$$

27s

このように、資本家にとっては損得無しのギリギリの線である最低必要労

働時間と最低必要生産量とは、生産する商品の費用価格と生産価格との関係によって定まるため、必要労働時間と最低必要労働時間との大小関係は条件次第で様々に異なることになる。必要労働時間が最低必要労働時間を上回る場合には、労働者が必要労働時間分の労働を終了する前から資本は価値増殖を開始している。逆に、必要労働時間が最低必要労働時間を下回る場合には、労働者が必要労働時間分の労働を終了しても資本は価値増殖を開始していないのである。（ただし、必要労働と剰余労働との関係は、あくまでも労働者が生産現場で行う、実体次元での新規労働をめぐる内部過程での労働者と資本家との関係であって、他の資本との関係で、担当する産業間の有利・不利をなくすために外部的な市場による調整作用の介入の結果として成り立つ、形態次元での生産価格を前提とした最低必要労働時間とは、その性格に関しても、その概念的な位相に関しても、異なる側面をもつ点は注意が必要ではある。）

　いずれにしても、一定の時・所では、それぞれの商品種の１単位について、生産の技術的条件と市場での価格の条件とから費用価格と販売価格とは算定可能であり、この算定に基づいてそれぞれの商品種ごとに最低必要労働時間も最低必要生産量も算定可能である。当然ながらすべての産業資本家は、生産価格を基準としたこの算定に基づいて、それぞれの時点で平均利潤以上の利潤が得られることが確実視できる生産部門や産業を選択し、そこに自分の資本を投下するのである。すなわち、生産価格が——同じことではあるが一般的利潤率が——生産する商品種や資本を投下する生産部門を選択する際の基準となるのであり、この基準に従って諸資本の利潤獲得競争と部門間流出入運動が繰り広げられるのである。

補注　６

　（１）補注４で触れたように、全社会で１日の労働が必要労働時間と等しい場合は、商品の価格はそれが含む社会的労働量に比例する。この点を先の２産業２財モデルを用いて、簡単に見ておこう。なお、使用価値量

（物量）表示を労働量表示に変換するには、①の連立方程式の解、a＝3、b＝1.5、を用い、価格表示にするには、②の不定方程式の解の比率、$\alpha : \beta = 2 : 1$、を用いればよい。（ここでは〈表4〉の生産価格表示の場合の$\alpha = 21$、$\beta = 11$との数字的な対比が簡易なように、便宜的に、$\alpha = 20$貨幣単位、$\beta = 10$貨幣単位としている。）

$$① \begin{cases} 5a + 18b + 18 = 20a \\ 10a + 12b + 12 = 40b \end{cases} \quad ② \; 8\alpha + 24\beta = 20\alpha \\ \text{（または} 12\alpha + 16\beta = 40\beta\text{）}$$

なお、②の代わりに、①と同形の下の連立方程式③を解けば、当然ながら（a、b）の解と同じ$\alpha = 3$、$\beta = 1.5$が得られるが、無用な誤解を避け、労働量と価格の差異を明確にするため、価格に関しては意図的に上記の不定方程式を用いている。

$$③ \begin{cases} 5\alpha + 18\beta + 18 = 20\alpha \\ 10\alpha + 12\beta + 12 = 40\beta \end{cases}$$

これらにより、以下の関係が得られる。

〈使用価値量（物量）表示〉

投入＼産出	A Pm	A Lm	B Pm	B Lm	合計
A	5a	(3a)	10a	(2a)	20a
B	18b	(6b)	12b	(4b)	40b
新規労働量	18		12		

〈労働量表示〉（a＝3、b＝1.5）

投入＼産出	A Pm	A Lm	B Pm	B Lm	合計
A	15	(9)	30	(6)	60
B	27	(9)	18	(6)	60
新規労働量	18		12		

【3】 社会的総資本の均衡編制

〈価格表示〉（a 財 1 単位＝α、b 財 1 単位＝β）

投入＼産出	A C	A V	B C	B V	合計
A	5α	3α	10α	2α	20α
B	18β	6β	12β	4β	40β
新規労働量	〈18〉		〈12〉		
合計	8α+24β		12α+16β		

〈価格表示〉（α＝20、β＝10のとき）

投入＼産出	A C	A V	B C	B V	合計
A	100	60	200	40	400
B	180	60	120	40	400
新規労働量	〈18〉		〈12〉		
合計	400		400		

ここで、a財、b財のそれぞれ1単位が含む社会的労働量は、3労働単位と1.5労働単位であり、価格の大きさの比率は、2貨幣単位：1貨幣単位であるため、価格は労働量に比例する（数学的には、必要労働時間分の労働しか行われていない場合には労働量と価格に関して同形の方程式が立式できるため、労働量と価格が正比例の関係になることは自明となる）。したがって、宇野が価値法則の論証に用いた、必要労働時間に限定した場合にはすべての商品の価格は労働量に比例するように規制されるという論点は、それ自体としては間違っていないことになる。問題は、それ以前の基本的な発想にある。価値法則の論証には、必要労働部分のみであれ、剰余労働を含む場合であれ、労働量に比例する形で価格を設定する必要は一切ない。スミス、リカードウらの古典派経済学者をはじめ、マルクスもまた——そこにはマルクス独自の理論上の動機や必要性があったとはいえ——等労働量交換を設定したために、大きな陥穽に陥ることになっている。宇野もまた、剰余労働がなされた場合にも、必要労働に限定した場合に用いた等労働量交換の想定がそのまま維持されているために——ひとたびどこかで等労働量交換を設定すると、結局そうする以外に方法はなくなるのではあるが——結果的に再生産表式論を含めた生産論全体を通して、さらには生産価格論の前提においても、等労働量交換の想定が維持されることになっている。

（2）年平均資本構成の低い資本の生産する商品は相対的に低い評価率で金の含む労働量に換算され、年平均資本構成の高い資本の生産する商品は相対的に高い評価率で金の含む労働量に換算されることから、マルクスが、生産価格が成立しても価値法則が貫徹していることの証明に使用したいわゆる総計一致の２命題——「総生産価格＝総価値」、「総平均利潤＝総剰余価値」——に関しては、あくまでもマルクスの議論とマルクスの用語法に即してのことではあるが、概略、次のように言えるであろう。

　産金業を含めた社会の全産業におけるそれぞれの標準的資本を対象にして、それらの加重平均からその年平均資本構成を求め、それが標準的産金資本の年平均資本構成よりも高ければ、実体的な社会的労働量が金の含む労働量（形態的労働量）よりも相対的に高く評価されるために、総生産価格＞総価値、総平均利潤＞総剰余価値　となり、低ければ実体的な社会的労働量が金の含む労働量よりも相対的に低く評価されるために、総生産価格＜総価値、総平均利潤＜総剰余価値　となる。したがって、総生産価格＝総価値、総平均利潤＝総剰余価値　となるのは、標準的産金資本の年平均資本構成が社会の全標準的資本の加重平均と等しい場合、つまり金の生産条件が全商品の生産条件と相似になっている場合、いわば金が全商品と相似になっている場合で、それは金が単独で偶然、スラッファのいう「標準商品」になっている場合である（実体的労働量、形態的労働量に関しては、90〜91ページを参照のこと。なお、スラッファに関しては、P. スラッファ『商品による商品の生産』菱山泉・山下博訳、有斐閣、1962年、を参照のこと）。

（3）市場価値と市場生産価格

　商品経済のほとんどの現象は、商品経済を構成する無数の個別的要素の無政府的な動きから生じる絶えざる変動を特徴としていて、いわば絶えず揺らいでいる。この不断の揺らぎは、一面では均衡を破壊する作用をもつが、他面では均衡を回復する作用をもつ。商品経済における均衡は無数の要素が絶えず揺らぐことによって形成され保たれているのであって、すべて変動をと

もなった均衡、あるいは変動を通した均衡としての動的均衡である。生産価格体系――価値体系の貨幣的表現――も、絶えず変化する需要供給関係を反映して絶えず変動している商品市場での実際の個々の取引価格、すなわち市場価格――個別的交換価値の貨幣的表現――の振動のなかに、その重心、その基準として成り立っている。このように、それぞれの商品生産部門ごとに市場での実際の価格変動の均衡的重心として捉え返した生産価格を、市場生産価格という。

　一物一価は、商品市場での三面的競争関係と産業資本の機動性とによって商品価格の凹凸が均されることで成り立つが、このことは一つの商品種につき一つの市場生産価格が存在することを意味している。このことはさらに、生産価格とはあくまでも生産上の技術的な条件の違いから異種商品間・異種産業間で生じる資本間の不可避的な差――年平均資本構成の相違から生じる利潤率の不均等の可能性――を処理するために成り立つ価格体系であって、同種商品を生産する資本間には、たとえそこに各種の差が存在しているとしても、そのこと自体からは利潤率の均等化の要請は生じないということを意味している。もちろんこのことは、同一部門内の各資本が、正確には劣位な立場にある資本が、各種の差を解消しようと努力する結果として、同一部門内でも利潤率が均等化する傾向があるということを否定するものではない。しかし、この両者を同列に論じることは避けなければならない。というのは、異部門間の利潤率均等化は資本の努力では解消できない差を解決するために成り立つのであって、資本の努力に基づいて差が解消された結果として成り立つ同部門内の利潤率均等化とはまったく意味が異なるからである。簡単に言えば、前者は差異の存在を前提にして利潤率が均等化されるのに対して、後者は差異の解消によって利潤率が均等化されるのである。

　したがって、もしも同一品種の商品を生産している多数の個別資本のもつ諸々の生産条件に、例えば、資本規模の大小の差をはじめ、使用する生産手段、生産組織、労働編成、管理方式、取引相手等々の差が――これらの差は決して固定的・不変的なものではなく、むしろ過渡的・可変的なものであり、

さらに資本の競争によって均等化作用・平準化作用がはたらくために均される傾向にあるが——同一時点や同一時期に存在している場合には、それによって生産性や生産力の格差も必ず存在することになる。資本間の競争に有利・不利の差をもたらす同一生産部門内におけるこうした資本間の格差は、一商品種につき同一の価格が与えられるという条件下では、最終的には各個別資本がそれぞれ実現する利潤率である、個別的利潤率の高低の差となって現れることになる。

　生産性と生産規模との積を生産力とみなして、いま、ある生産力水準をもつ資本あるいは資本群が、ある何らかの商品の社会的生産に対して支配的な地位を占めているものとすると、この資本群の生産力がその商品の生産部門を社会的に代表するものとして、その商品の社会的必要労働時間、いわゆる市場価値を規定することになる。例えば、「Ⅵ　個別資本の総過程」の「（１）労働量と価格」での例——同一商品１個を生産するのに要する個別労働時間が、それぞれ①90時間、②95時間、③105時間の三つの資本が存在する場合——でいうと、仮に②の資本がこの商品生産部門を社会的に代表する資本であるとするならば、②の95時間がこの商品を生産するのに必要な社会的労働時間となり、①の商品も③の商品も、②と同じ95時間の労働を含むものとみなされるのである。したがって、この場合は②の資本の個別的利潤率が一般的利潤率と等しくなり、この資本群が平均利潤を獲得するとともに、その商品の販売価格が市場生産価格となる。論理学的には逆命題は必ずしも真とはならないが、結果論的に言えば、平均利潤を獲得し、その販売価格が市場生産価格となっている資本（群）が、おおむねその部門を社会的に代表していることになる（おおむねというのは、生産技術や生産方法といった生産的諸条件だけでなく、価格変動や時期的要素や資本家の個人的な経営手腕などの不特定の偶然的諸要因も、利潤率の規定に揺らぎ的な影響を与えるためである）。

　したがって、①の資本のように、この代表的資本群のもつ生産性を上回る

【3】 社会的総資本の均衡編制

生産性をもつ資本が存在しているならば、この資本には特別剰余価値が与えられるために、その個別的利潤率は一般的利潤率よりも高くなり、この資本に平均利潤を上回る利潤である超過利潤の獲得を許すことになる。ただ、特別剰余価値もしくは超過利潤は、他と比べて相対的に優秀な生産性をもつという根拠が消滅するとともに消滅する性格をもつため、決して固定的・不変的ではないが、裏を返せば、その根拠が何らかの事情によって固定化されていれば、それらも消滅することなく残存することになる。逆に、③の資本のように、代表的資本群のもつ生産力を下回る生産性しかもたない資本が存在しているならば、この資本の個別的利潤率は一般的利潤率よりも低くなるために、この資本は平均利潤を下回る利潤、いわば負の超過利潤しか得られなくなる。そのためこの資本は、より高い生産性をもつ生産方法なり生産技術なりを採用するか、それともこの商品生産部門から撤退するか、いずれかの選択を迫られることになる。さらに、①の資本がこの商品生産部門を代表する資本ならば、②と③の資本は市場からの撤退宣告を受けているか、少なくとも社会から事実上の業務改善命令を受けていることになるし、③の資本がこの商品生産部門を代表する資本ならば、①と②の資本は優良な資本として超過利潤を獲得していることになる。

いずれにしても、需要の変化に対して主導権を握って機動的に対応することのできる支配的生産力をもつ資本群が、その商品を生産する社会的に平均的な生産力をもつ資本として、その商品の社会的必要労働時間（市場価値）と市場生産価格を規定し、平均利潤を獲得するのである。こうして、より高い利潤率、より大きな利潤の獲得を目指して鎬を削る個別資本群の競争は、競争のもつ相互規制作用を通して、同種商品を生産する資本群に対しては、同一生産価格を成立させることで部門内の、より一層の競争を促進させて生産力水準の向上を図らせ、異種商品を生産する資本群に対しては、ちょうど競争圧力の均衡する価格水準で生産価格体系を成立させることで、その生産部門を社会的に代表する資本には平均利潤を獲得させるのである。これによって選択した生産部門の間に有利・不利の差が生じるのを防ぎ、資本として

の平等性あるいは機会均等性を確保することになる。そして、個別資本間の競争圧力が動的な均衡を保つこの生産価格水準こそ、資本主義経済のもとで社会のすべての生産部門の間に産業連関的な均衡が達成される、したがって経済原則が満たされる、唯一の価格水準なのである。

逆に言えば、すでに述べたことではあるが、需要・供給や資本間の競争圧力をはじめ様々な市場的な均衡が成り立つのは、経済原則次元での社会的な均衡が達成されるからである。商品・貨幣・資本といった商品経済を構成する様々な要素と、例えば商品価格の変動や資本の利潤率の変動といった諸要素の動きは、各当事者たちの利己的な利害関係とそれに基づく相互規制的な競争を通すことで、図らずも経済原則を満たすように絶えず競争圧力によって強制的に調節され導かれているのである。そしてこれこそが、商品の価値はその生産に要する社会的必要労働時間によって規定されるという価値法則の——商品の価値は投下労働量に比例して決まり、その結果、必然的に等労働量交換が成り立つという古典派的な素朴な労働価値説の理解を超えた——真の含意に他ならない。この意味において、個別諸資本の競争が均衡的な生産価格を成立させるという利潤率均等化の法則は、価値法則のより現実的な貫徹様式なのである。さらにこの意味においてこそ、労働価値説が『経済学における最も重要な学説である』(リカードウ)といい得るのである。

〈補論〉 生産価格と再生産表式

マルクスは、価値法則の絶対的基礎をなす社会的分業の均衡編制を、資本による社会的生産の再生産という視角から論じている。それがマルクスの再生産表式論である。マルクスは、社会的生産をⅠ生産手段生産部門とⅡ生活手段生産部門の2部門に分類し、さらに商品の価値を不変資本価値部分、可変資本価値部分、剰余価値部分の3構成部分に分割して、再生産の条件を解

明しようとしている。しかし、そこにはいくつかの問題点が含まれている。

　まず、現実的には、さらに原論が分析対象としている抽象的現実社会においても、社会的分業はすべてが生産手段生産部門と生活手段部門とに明確に分かれて編制されていないという点である。したがって社会的総資本を構成する個別資本も生産手段生産資本と生活手段生産資本とに分かれて存在していないという点、さらには、一個一個の商品も生産手段用と生活手段用とにはっきりと区別されて生産されているわけではないという点、である。マルクスの社会的生産の2部門分類という手法は、同じ商品を生産している同一資本の労働生産過程を用途別に不自然な形で分断するものであって、商品種ごと産業ごとに分かれて社会的分業を担当しているという実状に適合していない。実状に合わせるには——もしもそれが論理展開上、必要であるならばの話ではあるが——生産手段に関する資本間相互の需給関係も生活手段に関する資本間相互の需給関係も、商品種ごと産業ごとの資本間相互の需給関係を社会的に集計した結果として示す必要がある。

　さらに最大の問題点は、マルクスの再生産表式論では商品の価値（価格）が投下労働量に比例する大きさで設定されている点である。価格と労働量とが正比例関係を保つ限り、産業ごとの資本構成（Z比）の違いによって、労働量表示での社会的分業の均衡関係と生産価格表示での社会的分業の均衡関係とは両立不可能である。そのため、マルクスが再生産論で設定した均衡的数量関係は、生産価格表示に変換するとその均衡関係が破壊されてしまい、社会存立の大前提である経済原則を満たせなくなる（もっともそれ以前に、労働量に比例した価値を生産価格に転化するさいに生じる、費用価格の生産価格化という難問に直面することになる。さらに細かな点ではあるが、後に見るように拡大再生産表式に移行する際に第I部門と第II部門とでは拡大率＝成長率が異なるという不自然な設定になっている）。これでは、資本主義社会でも資本相互の関係を通して社会存立の根本条件を満たすことが可能であることを論証しようとする、再生産表式論の本来の意図に反することになる。求められているのは、労働量表示で設定される経済原則次元での産業の均衡

編制と生産価格表示で設定される特殊資本主義的次元での資本の均衡編制とが、矛盾なく両立し得ることの論証である。

そこで、参考までに先ほどの2産業2財モデルの産業連関表に基づいて、労働量体系、生産価格体系、再生産表式との関係を見ておこう。

〈表2〉労働量表示

投入＼産出	A Pm	A Lm	B Pm	B Lm	剰余	合計
A	30	（9）	60	（6）	15	120
B	54	（9）	36	（6）	15	120
新規労働量	36		24			

〈表2〉の労働量表示の産業連関表から、a財、b財に対象化されている総労働量をそれぞれ用途別に、すなわち生産手段Pm用、生活手段Lm用、剰余用、に分けて、さらに価値構成の比率

　　　　C：V：M――Aでは 84：18：18、Bでは 96：12：12

に応じて分割すると次の〈表5〉になる。

〈表5〉

			C		V		M		合計	
Ⅰ	Pm	A	63	}135	13.5	}22.5	13.5	}22.5	90	}180
		B	72		9		9		90	
Ⅱ	Lm	A	21	}45	4.5	}7.5	4.5	}7.5	30	}60
		B	24		3		3		30	

さらに、これらをマルクス式の再生産表式に変換したものが、次の〈表6〉である。

【3】 社会的総資本の均衡編制

〈表6〉単純再生産表式（労働量表示）

```
              交換前                        交換後
          C    V    M              C    V    M
Ⅰ Pm  |180|=|135|+(22.5)+(22.5)   180 =|135|+(22.5)+(22.5)
Ⅱ Lm  (60)=(45)+(7.5)+(7.5)        60 =|45|+(7.5)+(7.5)
計      240 = 180 + 30  + 30       240 =|180|+(30) +(30)
```

（ ☐ は生産手段用、◯ は生活手段用であることを示す。この点は以下も同じである）

〈表2〉の労働量表示を生産価格表示に変換したのが〈表4〉であり、これを同様に価値構成の比率

Aでは、606：129：105、Bでは、684：86：110

に応じて分割すると〈表7〉になる。さらに、これらをマルクス式の再生産表式に変換したものが、〈表8〉である。

〈表4〉生産価格表示

投入＼産出	A C	A V	B C	B V	P	P′	合計
A	210	(63)	420	(42)	105	1／7	840
B	396	(66)	264	(44)	110	1／7	880
新規労働量	〈36〉		〈24〉				
合計	735		770		215	1／7	1720

〈表7〉

```
            C              V              M            合計
Ⅰ Pm  A 454.5 ⎫         96.75 ⎫        78.75 ⎫       630 ⎫
           ⎬ 967.5       ⎬ 161.25      ⎬ 161.25      ⎬ 1290
       B 513   ⎭         64.5  ⎭        82.5  ⎭       660 ⎭

Ⅱ Lm  A 151.5 ⎫         32.25 ⎫        26.25 ⎫       210 ⎫
           ⎬ 322.5       ⎬ 53.75       ⎬ 53.75       ⎬ 430
       B 171   ⎭         21.5  ⎭        27.5  ⎭       220 ⎭
```

〈表8〉単純再生産表式（生産価格表示）

```
        交換前                                    交換後
              C        V        M                   C        V        M
 I  Pm  1290 = 967.5 + 161.25 + 161.25    1290  =  967.5 + 161.25 + 161.25
 II Lm   430 = 322.5 +  53.75 +  53.75     430  =  322.5 +  53.75 +  53.75
 計     1720 = 1290  + 215    + 215       1720  = 1290   + 215    + 215
```

さらに、10%の拡大再生産が行われた場合の、労働量表示での産業連関表が〈表9〉、生産価格表示での産業連関表が〈表10〉、それをもたらした拡大再生産表式が〈表11〉である。

〈表9〉労働量表示

投入＼産出	A Pm	A Lm	B Pm	B Lm	剰余	合計
A	33	(9.9)	66	(6.6)	16.5	132
B	59.4	(9.9)	39.6	(6.6)	16.5	132
新規労働量	39.6		26.4			

〈表10〉生産価格表示

投入＼産出	A C	A V	B C	B V	P	P′	合計
A	231	(69.3)	462	(46.2)	115.5	1／7	924
B	435.6	(72.6)	290.4	(48.4)	121	1／7	968
新規労働量	〈39.6〉		〈26.4〉				
合計	808.5		847		236.5	1／7	1892

〈表11〉拡大再生産表式（生産価格表示）

```
        交換前                                       交換後
              C         V         M                    C          V         M
 I  Pm  1419 = 1064.25 + 177.375 + 177.375   1490 = 1170.675 + 195.1125 + 53.2125
 II Lm   301 =  225.75 +  37.625 +  37.625    301 =  248.325 +  41.3875 + 11.2875
 計     1720 = 1290    + 215     + 215       1720 = 1419     + 236.5    + 64.5
```

【3】 社会的総資本の均衡編制

　この場合、交換前の剰余の合計、177.375＋37.625＝215 の配分内訳は、追加生産手段への転用として129、追加労働者の生活手段への転用として21.5、資本家の消費手段として64.5、である。そしてその１年後の結果が〈表10〉となって表わされているのである。なお、この設定例では、〈表11〉の交換前後のC、Vの大きさをそれぞれ比較すれば分かるように、第Ⅰ部門も第Ⅱ部門も等しく10％拡大しているが、マルクスの『資本論』での設定例では、次の〈表12〉のように第Ⅰ部門が10％の拡大に対して、第Ⅱ部門は20／３％の拡大となっている。産業構造や技術的条件に変化がない限り、前年度の均衡関係を維持するには両部門が均等に拡大する必要があるのであって、先に指摘したように、このように前年度の均衡関係が壊れているのもマルクス再生産表式論の問題点の一つである。

〈表12〉マルクスの拡大再生産表式

		交換前				交換後		
		C	V	M		C	V	M
Ⅰ	Pm	6000＝4000＋1000＋1000				6000＝4400＋1100＋500		
Ⅱ	Lm	3000＝1500＋750＋750				3000＝1600＋800＋600		
計		9000＝5500＋1750＋1750				9000＝6000＋1900＋1100		

　以上のような簡単なモデルからも、労働量表示においても生産価格表示においても産業連関表と再生産表式とは相互に変換可能なことがわかる。この事実は、商品経済において様々な機能を果たす貨幣金も含めて、その用途が何であれ社会の必要とするものが供給されれば、そこには当然、生産手段も生活手段も含まれているのであるから、それぞれの資本家や労働者あるいは社会全体が必要とする物資も供給されることを示している。すなわち、商品種ごと産業ごとに社会的な需要が満たされれば、社会の必要とする生産手段や生活手段に対する需要も同時に満たされるのである。したがって、生産手段および生活手段の相互補填関係を基軸とした社会的生産の相互依存状況を

理論的に設定するには、マルクスの再生産表式論のように、各資本の生産や同一商品を分断する形で各商品を用途別に分類し集計するという不自然な手法を採るよりも、それぞれの商品の種類ごとに、したがって生産拠点ごと資本ごとに——ただし、同一資本が異なる種類の商品を生産している場合には、この資本の生産は商品種ごとにその生産割合に応じて分割されて集計・計上されることになる——必要な商品の種類と数量および生産量とを設定することで社会的な相互依存関係を提示できる産業連関表を用いたほうが、その理論的な課題を果たすうえでより適切であると考えられる。

なお、金の用途は、産業用の金のように生産手段となって再び他の商品の生産過程に入っていくか、最終完成品としての装飾品や奢侈品あるいは美術工芸品のように消費手段となって生産過程の外部へ出て行くか、支払準備としての金を含めて貨幣の材料になるか、に分けることが可能であり、さらにそれらの間での相互転換も可能である。しかし、いずれにしても貨幣金として存在している部分は、資本主義経済を編制し運営する上で必要な費用、つまり社会的生産編制費用であるため、個人の私的所有物になることが可能な存在でありながらも社会的な経費として、生活手段生産部門や生産手段生産部門の剰余価値mの部分のうち、個人的な消費に回される部分を除いた部分から拠出されることになる。

さらに、産金業に関しても、それが資本によって経営されている限り、資本の競争に媒介されて他の産業と同じく利潤率均等化の法則は貫徹する。したがって、金についても生産価格という基準は妥当することになる。ただし、金が貨幣材料になっている関係上、産金資本の運動形式が $G-W\cdots P\cdots G'$ となることからも明らかなように、金の場合は一般的・実体的な社会的労働量と特殊資本主義的・形態的な社会的労働量が常に一致する（この点については91ページを参照のこと）。したがって、金の産出後は市場を通すことなく G と G' とを直接比較することによって利潤量と利潤率とが判断可能である。そのため、金鉱が自己所有地ならば生産価格相当分以上の金量を産出できる

資本しか、借地ならば生産価格プラス絶対地代相当分以上の金量を産出できる資本しか、生き残れないことになる。そのいずれが、あるいはそれらの加重平均もしくは混合物が産金業を代表する社会的に標準的な資本となって金の市場価値を規定するのかは、各種産金資本の社会的な存在状況次第で決定されるため一概に規定できないが、その点を除けば、その標準的産金資本の産出した金の含む個別的労働量がその時点での金の社会的労働量となる。この産金資本を上回る生産性をもつ、したがって生産価格相当量以上の金量を産出できる資本は、金鉱が自己所有地ならばその超過部分の金量を超過利潤として自分のものにできるし、借地ならば平均利潤との差額を鉱山地代として鉱山所有者に渡すことになる。反対に、標準を下回る生産性しかもたない産金資本は、他のより豊かな金鉱を探すか産金業から撤退するかの選択を迫られることになる。

　さらに、金の場合は、工業用の金や奢侈品用・美術工芸品用の金あるいは金準備を含む社会に蓄積されている金などからの相互転用が可能なため、社会的な需給は他の商品と比較すると相当な弾力性をもっているのであって、この点は、次に述べるように、社会的な需要を満たすのに欠かせない限界生産力をもつ土地の農産物の価格が市場調整的生産価格となる農業とは大きく異なっている。産金業の場合には、逆に産金資本に平均利潤を獲得させることのできる生産性をもつ金鉱が、社会にとってではなく産金資本にとって、ちょうど限界生産力となるのである。

Ⅷ　地　代

（1）超過利潤と地代

　年平均資本構成の差として表される、資本の力では根本的には解消することのできない異種産業間での生産条件の差は、個別諸資本の利潤獲得競争を通した利潤率の均等化という方法で現実的に解決され、これによってすべての資本は資本としての平等性や機会均等性を資本家社会的に確保する。しかし、この方法は同一生産部門内の諸資本には通用しない。同一生産部門では、他よりも優秀な生産性をもつ資本の個別労働には相対的に高い比率での評価が与えられて、相対的に高い倍率で社会的労働に換算されるため、その労働はその分だけ大きな価値を形成するものとみなされる。そのため、その資本の形成する剰余価値も他の資本よりも大きく見積もられて、一般の剰余価値を上回る特別剰余価値が与えられ、それが平均利潤を上回る超過利潤を生むのである。

　機械制大工業を生産方法の技術的基礎として採用し、第一次産業を担当する他の資本がすでに生産した第二次生産物や、他の工業資本が生産した第三次以降の生産物を原材料とする工業では、生産性の最大の規定要因は機械設備であるため、他の資本に先駆けていち早く優秀な機械設備を導入した資本は、この特別剰余価値の、したがって超過利潤の恩恵を享受することができる。しかしその反面、高い生産性をもつ機械設備は、それが動力機、伝達機、作業機のどの部分であろうとも、他の一般商品と同様に他の資本が生産して市場で積極的に販売している物的商品であって、私的に独占されたり供給が制限されたりしていないため、社会的に広く普及しやすい。そのため、優秀な機械設備が社会的に一般化し、それがその生産部門の標準的な生産条件になるにつれて特別剰余価値の社会的な根拠が失われ、その結果、超過利潤は消滅することになる。

【3】 社会的総資本の均衡編制

　ところが、同一生産部門であっても優秀な生産技術や生産方法が私的に独占されていたり制限されていたりする場合には、事情が異なってくる。この場合には、同一生産部門内にも資本の力では解消できない格差が存在することになる。そのため、資本自身がその成り立ちに関与しない原因によって発生した格差がもとで、資本の間に有利・不利の差が生じるのを防ぐために、特別な経済的措置を取るよう、資本の競争自体が競争に加わっているすべての資本に強制的な圧力をかけることになる。この特別な経済的措置の最も代表的な例が、超過利潤の地代化である。

　例えば、他人の私有地にある自然落流（滝）を動力源として利用する紡績資本家Sと、開発初期の蒸気機関を動力源として使用する紡績資本家Tがいて、どちらも雇用労働者1人当たり1日で36sの綿糸を生産しているが、Tの生産条件の方がその時点での社会的に標準的な生産条件に当たるものとし、さらにSの費用価格が30s、Tの費用価格が32sとすると、Sの利潤は 36s－30s＝6s、利潤率は6／30＝20％、であるのに対して、Tの利潤は 36s－32s＝4s、利潤率は4／32＝12.5％、となる。この場合、Sの超過利潤は 6s－4s＝2s となるが、もしもこの2sがSのものになるものとすると、他の資本家たちもこの滝を利用しようとしてお互いに競争することになる。滝を借りようとする競争は、お互いに競争相手が滝を借りにくくするように相互抑制的に作用するため、滝を借りるための代金を発生させ、さらにこの代金の価格を引き上げていくことになる。この競争は、理論上は滝の所有者にこの2sの全部を滝の利用代として提供するまで続くことになる。すなわち、超過利潤の2sが滝を借りるための代価あるいは滝を利用するための代価として、地代になるのである。この地代は、超過利潤と平均利潤との差額が地代化されて発生するため、一般に差額地代と呼ばれている。

　ところで、滝あるいは滝を形成する地形は人間が諸々の活動をするための前提として受け入れざるを得ない自然条件であって、資本家たちの滝をめぐるこの競争は、滝のもつ、一般的生産条件よりも優秀な生産性を根拠に発生

した超過利潤を、滝の人格的代理である滝の所有者に帰属させることで資本家たちを同一の条件のもとに置き、資本としての平等性・機会均等性を確保するよう当の資本家たちに強制するのである。こうして資本自身の性格や活動に根拠をもたない超過利潤を地代化することで、すべての資本は、いわば同じ土俵の上で、ひとしく利潤率均等化の法則に強制的に晒されることになる。

この場合の2sの地代は、蒸気機関の改良によって標準的な生産条件での費用価格が滝を利用する資本の費用価格と等しくなるまで減り続け、それらが等しくなった時点で消滅してしまう。この時点で地代を支払ってまで滝を利用すると、蒸気機関を利用する資本よりも地代の分だけ利潤が減り、逆に不利になるからである。滝の所有者としても資本家に地代を要求できる経済的根拠が失われた以上、地代を要求できなくなる。たとえ地代を要求したとしても、要求された資本家は動力源を滝から蒸気機関に切り替えてしまい、地代を支払う資本家がいなくなるだけのことである。こうして、社会の技術的な進歩とともに、滝は動力源としては利用されなくなってしまうのである。

ところが、自然界そのものを必要不可欠かつ主要な生産手段とする農業、林業、牧畜業、漁業、狩猟等々の第一次産業や鉱物資源の採掘業などのように、他に代替可能な生産手段がない場合には事情が異なってくる。ここではその最も代表的な産業として、いかなる社会でも欠かせない重要な産業の一つであるとともに、自然環境への依存度が極めて高い農業を取り上げてみる。その他の産業の場合も、この農業に準じているからである。

（2）絶対地代

工業部門ではその生産力水準を規定する主要な生産手段は機械であるが、農業部門では昔も今も大地そのものである。機械は機械製造部門の諸資本が積極的に販売を促進している物的商品であるために、私的に独占されたり市

場への供給が意図的かつ継続的に制限されたりすることは、一般的にはまず有り得ない。したがって他の同業資本に対して劣位な立場にある工業資本は、損得の折り合いと資金的な条件さえ整えば新たな機械設備への積極的な切り替えが可能であり、またそうするように競争によって強制される。しかし、農業では土地が何よりも必須の生産手段であり、土地以外の生産手段への代替は、近年みられるようになった植物工場・野菜工場のように部分的には可能であろうが、広く一般社会的には不可能である。さらに他の土地への切り替えも、利用可能なほとんどすべての土地が何らかの土地所有者による私有地として占有されているために、資本が自由に使用できるはずもなく、資本による土地の利用は制限されざるを得ない。

　こうした状況下では、土地を借りようとする農業資本家たちの競争は、互いに他の資本家が土地を借りようとする動きを牽制して土地を借りにくくする方向に働くため、土地の使用料金を発生させることになる。その結果、土地所有者が自分の所有する土地を貸す前に、借り手の資本家に対していくらかの代金の支払いを要求することが可能になり、土地の貸借に関しては土地の利用代として地代が必要とされる関係が、社会的に一般化し常態化するのである。この地代は、土地の相対的な生産性や他の社会関係とは無関係に、他人の私有地を借用するという関係それ自体からのみ発生するという意味で絶対的な性格をもつため、絶対地代という。そしてこの絶対地代こそ、資本主義経済における土地所有者階級の経済的な存在根拠であり、同時に近代的な資本主義経済に対する土地所有者階級の適応策・生存策でもある。

　絶対地代の大きさに関しては、資本が生産する一般の物的商品の生産価格のように、当事者たちがそれに基づいて状況を判断し行動を決定できるような社会的・客観的な基準は存在しない。原理的には、その農作物に対する需要と供給それぞれの弾力性（許容範囲）や他の農作物との代替性に規定された社会的な必要性の範囲を前提に、つまり、その必要性の範囲内で、市場における土地の貸し手と借り手との間での三面的競争——①貸し手（地主）間競争、②借り手（農業資本家）間競争、③地主対資本家間競争——のなかで

の力関係に応じて個別的な合意に達する以外に方法はないが、互いの競争圧力が動的な均衡をもたらす水準で、一定の時・所ではそれなりの弾力性をもつ相場が形成されるものとみなしてよい。もちろん、土地の賃貸借市場では、原理的には一般商品や労働力商品の場合とまったく同様に、借りてもらおうとする地主間の競争圧力が借りようとする資本家間の競争圧力よりも相対的に強い場合には、土地を借りてもらう相対的に弱い立場の地主と、土地を借りてあげる相対的に強い立場の資本家との関係として、地代は下降圧力を受けて低下する。逆に、貸してもらおうとする資本家間の競争圧力が貸そうとする地主間の競争圧力よりも強い場合には、土地を貸してもらう相対的に弱い立場の資本家と、土地を貸してあげる相対的に強い立場の地主との関係として、上昇圧力を受けて上昇することになる。資本家間の競争圧力と地主間の競争圧力とが釣り合う場合には、地代はその水準で維持されることになる。

　絶対地代は土地の利用に対する代価として、資本の活動には直接には由来しない土地の私的占有から生じるのであるが、これを借り手の農業資本がその利潤から負担することになると、絶対地代の負担分だけ農業資本の利潤率は低下して、他の産業部門を担当する資本に対して不利になる。それでは農業を担当する資本は存在しなくなってしまうが、人間の生存と社会の存立にとって農産物・農作物が必要不可欠な生産物である以上、これは人間の生存と社会の存立が不可能になることを意味する。こうした事態を回避するには、農業資本が絶対地代の負担分を農産物の販売価格に転嫁することを社会は許容せざるを得ない。つまり、農業資本の生産した商品の生産価格は、絶対地代の分だけ押し上げられることになる。いわば絶対地代が一種の社会的な生産経費として——というのは、人（地主）対人（資本家）の社会関係から発生し、しかも資本主義経済下での借地による農業生産には避けられない負担となるからであるが——本来の費用価格とは別に参入してくるのであって、農産物の売上代金のなかから控除されて地主に渡されることになる。

　例えば、農業資本家が借地経営する土地で、1年間当たり1エーカー（約0.4ヘクタール）につき費用価格——農業労働者への賃銀と耕作機・種籾代・

肥料・灌漑設備などの農業用生産手段の費用との合計——が50ｓ、絶対地代が10ｓ、穀物収穫量が10ブッシェル（約360リットル）、さらに年平均利潤率が20％であるものとしよう。もし絶対地代の負担がなければ、10ブッシェルの穀物の販売価格が、50×1.2＝60ｓ　の時点でこの資本家は平均利潤を得られるが、絶対地代を負担しなければならないため、60＋10＝70ｓ　以上の販売価格でなければ平均利潤を得られなくなる。しかし、この穀物が社会的需要を満たすのに必要な穀物の一部分であり、しかもこの資本の生産分を他のどの資本もこの価格以下で穴埋めできない場合には、この穀物を70ｓで購買する消費者は必ず存在する。そして直接的にはこの消費者が絶対地代分の10ｓを負担することになる。

　絶対地代という名目でのこの社会的な生産経費は、資本主義社会としては資本が土地の私的所有という障壁を乗り越えるための不可避的な経費として認めざるを得ないため、この点だけをみれば農業資本によって生産された商品には絶対地代の分だけ直接・間接に農産物を消費する他の産業からの交換価値の移転が生じることになる。この交換価値の移転は、農業生産物についてはその生産に要した社会的労働量が絶対地代の分だけ相対的に高い比率で市場的（貨幣的）評価を受ける——簡単に言えば、購買者がその高い値段で買う——という仕方で行われる。これがマルクスのいわゆる虚偽の社会的価値の正体であるが、この絶対地代を負担するのは、結局はその商品の最終購買者たちであるから、絶対地代は、土地所有者の私有地から生産された商品が人間の生存と社会の存立にとって必要な財貨であることから生じた、消費者社会全体からの土地所有者たちに対する譲歩あるいは妥協の産物であるといえる。

　ただ農業の場合は土地が主要な生産手段であるため、機械を主要な生産手段とする他の産業を担当する資本と比較して、農業資本の年平均資本構成は一般的に相当低くなる。そのため農産物の含む社会的労働量はもともと相対的に低い比率で貨幣的評価を受けているのであって、農産物価格への絶対地代の参入による評価比率の上昇は、この低い評価比率を部分的には相殺する

ことになるが、結果としていずれの評価比率の変化が他方を上回るかは、し
たがって、農業部門から他の産業部門への交換価値の移転が生じるのか、も
しくはその逆になるのかは、その時々のより複雑な具体的な状況で決定され
るため、原理的には断定できない性質のものである。

　このようにして農業資本は、占有された私有地を借用することから発生し
た絶対地代という負担を商品価格に上乗せすることで、その負担を購買者に
転嫁し、最終的には社会に転嫁することで、他の産業を担当する資本に対す
る不利を解消することが可能になる。それは、農業部門の資本にも資本とし
ての平等性・機会均等性が確保されたことを、すなわち、他の産業を担当す
る諸資本と同じ条件で競争できることを意味している。そしてこのことは、
利潤率均等化の法則が、農業も含めた社会のすべての産業を担当するすべて
の資本に対してひとしく貫徹していることを示している。しかし、人力の及
ばない自然物としての側面を色濃く残す土地には、自然に由来する生産力の
格差が解消されずに残らざるを得ないのであって、絶対地代は農業部門にも
利潤率均等化の法則が貫徹していることの第一段階でしかない。

（3）差額地代第Ⅰ形態

　自然の作物を育てる農業は、その性格からして土地に最大限依存せざるを
得ない産業であるが、土地自体はなにはともあれ人も資本も自然の賜物とし
て受け入れるべき前提であり、地球上に占めるその位置によって肥沃度（豊
度）・日照・気温・降水・風向・植生といった諸々の自然環境の違いや、水
利・地形・市場との距離といった地理的条件の違いを免れることはできない。
土地が必然的にもつこうした諸々の自然的差異は——人為的な営為の積み重
ねによってある程度は縮小される側面もあるとはいえ——土地の自然的生産
力の格差となって残ることになる。この生産力の格差は、同種作物について
は同一期間かつ同一面積につき、一方では品質や生産量の差となって販売額

の差を生み、他方では灌漑費用や運輸費用などの差となって費用価格の差を生み、最終的には利潤の大小や利潤率の高低の差となって現れる。

　例えば、ある時点である穀物に関して社会的需要を満たしている、A＜B＜C＜D（Aが最劣等地でDが最優等地）と格付けされた４等級の土地が存在していて、それぞれ１エーカー当たり50ｓという同額の資本を投入して、この穀物を生産する四つの資本群があり、さらに絶対地代を等しく10ｓ、年平均利潤率を20％とし、１エーカーあたりの穀物の収穫量をそれぞれ10、12、14、16ブッシェルとしよう。

　ここで最劣等地のAを耕作する資本群の穀物が社会的需要を満たしていて、さらにそれを他の資本が代替できない場合には、産業間での有利・不利をなくすために、このA資本群にも平均利潤が与えられなければならない。そのためにはこの穀物１ブッシェルあたり７ｓの価格を社会は負担しなければならない。逆に言えば、７ｓのときにA地はこの穀物の生産に参入して社会の必要とする穀物を供給可能となる。その結果は、次表のようになる。

〈表12〉１ブッシェル＝７ｓ

耕地	投下資本 s	収穫量 ブッシェル	販売代金 s	絶対地代 s	利潤 s	地代化される超過利潤 s	地代合計 s
A	50	10	70	10	10	0	10
B	50	12	84	10	10	14	24
C	50	14	98	10	10	28	38
D	50	16	112	10	10	42	52
合計	200	52	364	40	40	84	124

　単位は収穫量のみブッシェル、他は全てシリング（s）である。この点は以下の諸表も同様とする。

　工業の場合は、それぞれの生産部門ごとに、需要の変化に機動的に対処することでその部門の市場生産価格を規定する支配的な資本群の存在を想定できるが、農業の場合は最も主要な生産手段の土地が私的に占有されていて、

その供給も利用も存在量も制限されているために、生産量の増減を通して需要に柔軟に対応できる支配的な資本群の形成は困難である。その代わり、農業では最劣等地を耕作する資本群が、他との代替が不可能な状況で需要の変化に対処することになる。そのため、農業では限界生産力にあたる最劣等地Aの個別的販売価格がいわゆる市場調整的生産価格になる。したがって、Aよりも生産性の高いB、C、Dの土地を耕す資本群には〈表12〉のようにそれぞれ14 s、28 s、42 sの超過利潤が発生する。しかし、これらの超過利潤の根拠は資本それ自体の活動にあるのではなく、土地のもつ相対的に優秀な生産性にある。もし、この超過利潤が資本家に帰属することになると、落流の場合のように借地契約を求める資本家たちの相互規制的競争によって、結局はその根拠の形成に関与しない資本家の手を離れ、その根拠の人格的な代理である地主の手に地代として渡ることになる。

このように同一時点で空間的に並行して存在している様々な土地の生産性の格差に基づいて発生した地代を、差額地代第Ⅰ形態という。この地代もまた、資本の活動に由来しない原因によって資本間に不平等が生じるのを防ぐ資本主義経済の方策であって、利潤率均等化の法則が資本の競争に媒介されて貫徹することの現れである。ただし、絶対地代と差額地代とは別々に支払われるのではなく、農産物の売上げのなかから一括して支払われるため、A、B、C、Dの各土地の所有者は、表のようにそれぞれ1エーカーあたり10 s、24 s、38 s、52 sの地代を得ることになる。

ところで、別のある時点で社会的需要量の減少やその他の何らかの事情で、この穀物の価格が1ブッシェルあたり6 sまで低下し、さらに、例えばより地味の肥えた上級の耕作地に対する農業資本家の需要増大によって地主対資本家の力関係が変化したなどのなんらかの事情で、絶対地代が借地1エーカーにつき12 sに上昇していたものとしよう。そうすると、A資本群は利潤が得られなくなるため、この穀物の生産に関する限り、すでにAの土地の耕作から撤退してしまっていることになる。その結果、次表のようになる。

⟨表13⟩　1ブッシェル＝6ｓ

耕　地	投下資本 s	収穫量 ブッシェル	販売代金 s	絶対地代 s	利　潤 s	地代化される 超過利潤 s	地代合計 s
B	50	12	72	12	10	0	12
C	50	14	84	12	22	12	24
D	50	16	96	12	34	24	36
合　計	150	42	252	36	66	36	72

　ここでは最劣等地Bの生産力がこの穀物生産部門の限界生産力となり、その個別的販売価格がこの部門全体の市場調節的生産価格を規定する。その結果、CとDにはそれぞれ12ｓ、24ｓの超過利潤が発生するが、この超過利潤は先ほどと同じくCとDの土地の所有者に差額地代として帰属する。こうして、1エーカーあたり、Bの土地の所有者が絶対地代の12ｓを得るのみであるのに対して、C、Dの土地の所有者は絶対地代と差額地代とを合わせてそれぞれ24ｓ、36ｓの地代を得ることになる。

（4）差額地代第Ⅱ形態

　差額地代第Ⅰ形態が同一時点で横並びになっている様々な土地の生産性の違いに基づく超過利潤の発生とその地代化、いわば共時的差額地代であったのに対して、資本の追加投資とともに時系列的に生じる土地の生産性の違いに基づいて発生した超過利潤を地代化したもの、それが差額地代第Ⅱ形態、いわば通時的差額地代である。

　例えば、一つの土地、ここではD地に焦点を当て、⟨表12⟩の条件の下で、D地に第1次から第4次にわたり同額の追加投資が50ｓずつ行われ、次の⟨表14⟩のように1エーカーあたりそれぞれ16、14、12、10ブッシェルの収穫量があったものとする。

〈表14〉 1ブッシェル＝7s

耕地D	投下資本 s	収穫量 ブッシェル	販売代金 s	絶対地代 s	利　潤 s	地代化される 超過利潤s	地代合計 s
第1次投資	50	16	112	10	10	42	52
第2次投資	50	14	98	10	10	28	38
第3次投資	50	12	84	10	10	14	24
第4次投資	50	10	70	10	10	0	10
合　計	200	52	364	40	40	84	124

　この場合、市場調節的生産価格は、〈表12〉の横並びの土地のうちの最劣等地Aでの価格の1ブッシェルあたり7sであるから、Dへの投資は第1次——これが〈表12〉の状態である——では42sの、第2次投資では28sの、第3次投資では14sの超過利潤を生み、それぞれが地代化される。しかし、第4次追加投資では最劣等地Aと同じ収穫量しかないために超過利潤は生まれず、したがって差額地代もない。結局、D地を借りた農業資本家は1エーカーあたり絶対地代を含めてこの4期の間に合計124sの地代をD地の所有者に支払うことになる。

　また別のある時期には、社会的需要の増加などの何らかの事情で穀物価格が上昇し、その結果D地への追加投資が第5次まで行われ、そのときの収穫量が1エーカーあたり8ブッシェルでこれがこの部門の限界生産力であったとすれば、次の〈表15〉のように、この第5次の投資にも平均利潤が与えられるため、穀物価格は1ブッシェルあたり、8.75s（8s9d）に上昇していなければならない。そしてこの8.75sがこの穀物の市場調節的生産価格になるため、これまで最劣等地で限界生産力になっていたために超過利潤が発生していなかったA地にも、1エーカーあたり17.5sの超過利潤が発生し、さ

【3】 社会的総資本の均衡編制

らにB地、C地にもそれぞれ以前を上回る35 s、52.5 sの超過利潤が発生し、ともに差額地代化される。もちろんこの場合には、D地への第1次から第4次の投資にも〈表15〉のように地代化される超過利潤が生まれるのである。

〈表15〉 1ブッシェル＝8.75 s＝8 s 9 d

耕地D	投下資本 s	収穫量 ブッシェル	販売代金 s	絶対地代 s	利　潤 s	地代化される 超過利潤 s	地代合計 s
第1次投資	50	16	140	10	10	70	80
第2次投資	50	14	122.5	10	10	52.5	62.5
第3次投資	50	12	105	10	10	35	45
第4次投資	50	10	87.5	10	10	17.5	27.5
第5次投資	50	8	70	10	10	0	10
合　計	250	60	525	50	50	175	225

さらにまた別の時点で、社会的需要の減少などの何らかの事情で穀物価格が下落して、その結果、D地への第3次投資の収穫量、1エーカーあたり12ブッシェルが限界生産力になったとすれば、次の〈表16〉のように、この第3次投資の穀物価格が市場調節的生産価格になるので、穀物価格は1ブッシェルあたり、35／6 s（5 s 10 d）にまで低下していることになる。

159

〈表16〉 1ブッシェル＝35／6ｓ＝5ｓ10ｄ

耕地D	投下資本 ｓ	収穫量 ブッシェル	販売代金 ｓ	絶対地代 ｓ	利潤 ｓ	地代化される 超過利潤ｓ	地代合計 ｓ
第1次投資	50	16	280／3	10	10	70／3	100／3
第2次投資	50	14	245／3	10	10	35／3	65／3
第3次投資	50	12	70	10	10	0	10
合　計	150	42	245	30	30	35	65

　この場合には、限界生産力にも満たない生産力しかもたないA地は耕作圏外に脱落し、これまで超過利潤を生んでいたB地はその生産力がD地への第3次投資と同じ限界生産力にあたるため超過利潤を生まなくなり、したがってB地の差額地代も消滅してしまうことになる。

　以上見てきたように、その経済的本能のままに、より大きな利潤・より高い利潤率の獲得を目指す資本どうしの競争は、農業に代表されるような自然を主要な生産手段とする産業を担当するにあたり、個別資本の力では解消も均等化も不可能な二つの障壁に対して、資本としての平等性あるいは公平さを確保するために、資本主義経済特有の対処法をとるように各資本を強制的に導くのである。すなわち、土地の私的所有という第一の障壁に対しては、土地所有者への絶対地代の支払いという対処法を取ることで、経済外的・権力的な強制による賦役労働（労働地代）や現物納付（生産物地代）を経済的基盤としていた封建的な土地所有の形態を、資本主義経済に対応した近代的な土地所有制へと変貌させ、土地のもつ自然的な生産力の空間的・時間的な格差という第二の障壁に対しては、その格差によって生じた超過利潤を、土地の人格的代理である地主へ差額地代として提供するという対処法を取ることで、資本としての平等性を守るのである。こうして利潤率均等化の法則は、

【3】 社会的総資本の均衡編制

あらゆる資本がその本能に従って展開する競争によって逆に資本が規制されるという巧妙な仕組みを通して、社会的生産のすべての部門に貫徹するのである。そしてそれはまた、全部門にわたって利潤率が均等化されるという事態の基層で、社会的な需要を満たす社会的生産の均衡編制が維持されていることの証であり、したがって価値法則が貫徹していることの現実的な証明でもある。

補注 7

　差額地代と絶対地代に関しては、一般には差額地代が展開されたあとに絶対地代が展開される。その根拠は、差額地代の発生が土地の私有化を促進するとともに、その所有形態を資本主義経済に対応する形態——それが地主による絶対地代の取得である——に変容してきたという歴史的背景がある。ここには資本形式論と根を同じくする歴史と論理の問題があるが、すでに確立している資本主義経済の存立構造の断面図を描くという経済原論の課題に照らして、個人的に占有されている貸借用の土地はすべてすでに資本主義に適応した私的所有になっているものと考えられる。この前提の下では、農業資本家が耕作地を借りる場合にはまず土地の私的所有の制限に直面し、借地契約時に絶対地代を要求されることになる。歴史的あるいは実際的にはともかく論理展開上では、差額地代の問題は資本家が何はともあれ地主から土地を借りることができた後の問題である。したがって、本書でははじめに絶対地代を説き、そのあとに差額地代を説くという順序になっている。

IX　信用と利子

　社会を支える経済的下部構造は、物的財貨を直接作り出す生産部門のみから成り立つわけではなく、生産された財貨を、それを必要とする社会の全領域にまでいきわたらせる流通部門が必要であり、さらに一つの特殊な財貨である貨幣も、それを必要とする社会の全領域にまでいきわたらせる金融部門も必要となる。これに基づいて、現実の資本主義経済は、生産部門を担当する産業資本群を主軸に、流通部門を担当する商業資本群や金融部門を担当する銀行資本群を布置した、重層構造を形成することになる。流通分野を担当する商業資本群の一部はG—W—G′の運動形式をもつ旧来の商人資本が、金融部門を担当する銀行資本の一部はG…G′の運動形式をもつ旧来の金貸資本が、それぞれ資本主義経済に適応した社会的機能を果たすように発展的に変容を遂げたものである。しかし、それらの一部は産業資本から分化・独立して誕生したものでもある。いずれにせよ資本は、基本的あるいは長期的には担当する経済部門それ自体に固執するものではなく、生産部門であれ、商業部門であれ、金融部門であれ、より有利な利潤率で価値増殖ができるか否かに固執しながら、利潤率の相対的に高い部門に参入していくのであって、そうした動きの集積が結果として動的な平衡状態を保持したまま社会的に構造化し、図らずもそれぞれの個別資本が、生産・流通・金融の各分野を専門的に担当する分業体制を築くのである。これにより資本主義経済は、分節化した柔構造をもつ、これまでの歴史上、他に類を見ない機動性と効率性を兼ね備えた経済様式となる。

（１）商業資本と商業信用

〈１〉

　"安く作って高く売る" G—W…P…W'—G' の運動を展開する産業資本は、大量の資本を固定する生産過程が資本の流動性に与える制約を資本の分割によって乗り越え、さらに商品販売の不確実性から生じる販売期間の不確定という問題を、流通費用の投入によって克服しようとする。しかし、それぞれの時点で生産を専門的に担当する産業資本にとっては、商品の販売は得意とする分野ではないため、商品の販売に専門特化した商業資本を利用することになる。

　"安く買い高く売る" G—W—G' の運動を展開する商業資本は、形式的には歴史上の商人資本の近代的再来といえるが、商品の売買を専門的に行うため、売買に関する知識や経験を豊富に備え、情報量や販売技術の水準は産業資本をはるかに凌駕する。そのため、産業資本はその流通過程のなかでも最大の難点をはらむ販売過程の大半を商業資本に委託することで、販売の不確実性と販売期間の不確定性の問題から解除されて、流通期間を短縮するとともに流通費用を大幅に節約することが可能になる。この流通期間の短縮と流通費用の節約は、一方では回転期間を短縮し、他方では利潤からの控除を減らすことで、ともに産業資本の利潤——商業資本や銀行資本の獲得する利潤と区別して表す場合はこれを産業利潤ということもある——の増大と利潤率の上昇を可能にする。

　例えば、ある一産業資本が1200£（ポンド）の価格で売れる商品を、費用価格1000£をかけて４か月の生産期間で生産し、純粋な流通費用100£を投入して平均１か月の販売期間で販売しているものとする（なお単純化のために生産的流通費用と購買期間はともにゼロとする）。この場合、純粋な流通費用は利潤から控除されるため、この資本の５か月間の利潤は、

$$1200-(1000+100)=100£$$

となる。したがって５か月間あたりの実質的な利潤率は、

100／1000＝10％、月平均利潤率は２％、年率換算24％
となる。
　ところが、生産が終了次第、この商品の販売を商業資本に委託して卸売価格1120￡で売り渡すものとすると、
この産業資本は100￡の流通費用を節約して
　　　　　1120－1000＝120￡
の利潤を、それも４か月で得ることができる。
　その結果、利潤が単純に20￡増加するだけでなく、４か月間の実質的な利潤率は、
　　　　　120／1000＝12％、月平均利潤率は３％、年率換算36％
にまで上昇する。

　一方、産業資本の流通過程を集中的に代位することになった商業資本は、「販売価格－（仕入価格＋販売諸費用）」をその利潤、すなわち商業利潤としている。この仕入価格は産業資本の卸売価格と同じであるが、販売諸費用には、店舗などの施設・設備費、宣伝・広告費、事務管理費、在庫保管、運輸・通信費、そして商業労働者に支払う賃銀などの諸費用が含まれる。これらの諸費用のうち、価値を形成しない純粋な流通費用を除いた生産的流通費用は価値を形成するものとみなされる。したがって、この部分の労働者の剰余労働は産業資本の場合と同様に剰余価値を形成して、商業利潤の源泉の一部となる。しかし、商業利潤の最大の源泉は産業資本の生産過程で形成された剰余価値であり、この剰余価値が産業資本の流通費の節約分のなかから間接的に商業資本にその利潤として分与されるのである。
　例えば、先の例で商業資本の利潤は、販売価格の1200￡から仕入価格の1120￡を差し引いた残りの80￡──この80￡は産業資本が節約した流通費用100￡の一部分である──から、さらに販売諸費用を除いた残りとして得られる。そこでこの販売諸費用を78￡とすれば、商業利潤は
　　　　　80－78＝２￡

ということになる。ところが、この場合の商業資本の利潤率は

$$2 / (1120 + 78) = 2 / 1198 ≒ 0.17\%$$

であり、仮に、この商業資本がこの商品を半月で販売したとしても、月平均利潤率は、約0.33％、年率換算で約4％となって、販売期間の短縮による回転率の大幅な上昇が商業資本の年利潤率を高めているとはいえ、極めて低い水準に留まっている。この場合に利潤率を低下させる最大の原因が、初期費用に大きな割合を占めている多額の仕入価格であることは明らかである。このように商業資本は仕入価格の過重負担という困難に直面するのであるが、あらゆる商業資本が、この負担を軽減する方法として最大限に利用するのが、産業資本どうしも利用している、商業信用に基づく信用売買である。

〈2〉
　産業資本の運動ではその様々な局面で、例えば固定資本の減価償却費、利潤の内部留保としての蓄積資金、価格変動準備金、商品の売買時に偶然的に発生する一時的遊休資金などの、当面、使用する必要のない種々の遊休貨幣資本が生じている。これらの遊休貨幣資本は、一面では価値増殖を停止あるいは休止している不生産的な資本であるが、他面ではそれを蓄えている産業資本の経済的な余裕でもある。新たな貨幣が当分入らなくても資本としての運動を継続できるというこの経済的な余裕と、恒常的な商取引から生じた取引相手への信認とが結びつくと、資本家どうしの間で貨幣の直接的支払い（現金即払い）の猶予を認めるという信用売買の関係が成立する。商品の売買、すなわち商業についての信用であるためこれを商業信用という。商業信用は、信用を与える側である与信者（債権者）と信用を受ける側である受信者（債務者）との当事者双方に、大きな商品経済上の利点をもたらす。
　信用買いする受信者側の利点は、貨幣がなくても必要な商品の入手が可能な点である。信用買いした商品によって、産業資本であれば生産部門において、商業資本であれば商業部門において、その事業の継続や拡大が可能になる。さらにそれに留まらず、利潤を増やし利潤率を高くすることも可能であ

る。例えば、先ほどの商業資本が仕入価格1120£の商品を産業資本から信用買いすることができれば、少なくともこの商品の販売に関しては、この商業資本がはじめに投下する資本量は販売諸費用の78£で済み、1120£の産業資本への支払いは、約定期日までにこの商品の販売代金1200£のなかから支払えばよいことになるので、仕入価格に対する商業資本の負担はなくなる。この場合、商業資本の利潤は2£であるから、利潤率は2÷78≒2.5% になる。しかも販売期間は産業資本の場合よりも短縮されているものと考えてよいので、産業資本のひと月に対して、先ほどと同じくそれを半月であるものとすると、月平均利潤率はおよそ5％、年率換算で約60％、という結果になる。

一方、信用売りする与信者側の利点は、第一に、現金販売での販売量を上回る、信用販売でなければ売れなかったであろう量の商品が販売できることである。したがって、その分だけ商品の販売が拡大・促進されて利潤からの控除となる販売費用が圧縮され、その結果、利潤が増えることになる。さらにそれに留まらず、販売期間も相対的に短縮されるので資本の回転率が上がり、その結果、利潤率が高くなる。上の産業資本の例で言えば、売り上げ代の貨幣金での回収は支払い約束日まで待たなければならないとはいえ（ただし、後述のように通常は手形が受信者から振り出されるので、銀行資本の登場によって割引料を支払えばこの手形は直ちに現金化できるようになる）、商業資本に信用販売した時点で、信用販売しなかった場合と比較して——現金即払いの場合には、そのような不利な条件で産業資本から商品販売の委託を引き受ける商業資本はもはやいなくなるので、信用販売しなかった場合というのは、結局は商業資本に販売を委託しなかった場合と同じことになる——前述のように、利潤は100£から120£へと20£増加し、年利潤率は24％から36％へと上昇するのである。

第二の利点は、自分も受信者となって信用買いができるという点である。信用売買の成立時には、一般的に受信者から与信者に約束手形の一種である商業手形（商品手形）——一定期限付きの商品代金支払約束証書——が振り

出されるが、与信者はこれに裏書保証をすることでこの手形を再利用して、第三者から自分の必要とする商品を入手できるのである。例えば、商業資本に1120£で自分の商品の販売を委託した産業資本は、G—Wの購買過程で、労働力を除く——時間的にも空間的にも対人的にも通用範囲の限定された手形を賃銀の支払いに充用することはできない——必要な生産手段の購入の支払いにこの手形を充てることで、貨幣金での投下資本量を減らすことができる。こうして商業手形は事実上、一定の範囲で貨幣と同じく流通手段や支払手段としての機能を果たすことになる。（商業）信用に基づいて貨幣化したこのような手形を信用貨幣という。信用貨幣は互いに相殺が可能なため、取引に必要な貨幣金量を大幅に削減することが可能になる。

　このように、商業資本と商業信用は、その機能によって産業資本の価値増殖を一段と効率よく推進するが、その反面、商業資本による遊休貨幣資本の極めて間接的な利用の仕方と、商業信用のもつ相対的に狭小な通用範囲によって、そこにはまだ大きな限界が残されている。

　商業資本は、産業資本の遊休貨幣資本の存在を前提にして成り立つ商業信用を利用することで、産業資本の流通費用と流通期間を圧縮し、それによって利潤からの控除を減らし、なおかつ回転率を上げることで、産業資本の価値増殖を増進するのであるが、このこと自体によっては産業資本の遊休貨幣資本はまだ間接的・消極的に利用されているに過ぎず、直接生産資本に転化して積極的に活用されるまでには至っていない。生産資本に転化される可能性をもつのは、商業資本に商品の販売を委託したことによって節約された流通費用の部分だけである。また商業信用と商業手形も、あくまでも資本家どうしの生産や商取引上の繋がりを前提にした、いわば顔見知りの個別的な取引関係のなかでの限定された信用関係であって、時間的にも空間的にも、さらには信頼性の点においても、広く一般社会的な妥当性や通用性あるいは信頼性を得るまでには至っていない。商業資本と商業信用のもつ、こうした私的・個別的社会性に基づく限界を打破するのが、銀行資本であり銀行信用である。

（2）銀行資本と銀行信用

〈1〉

　G…G′の運動を展開する銀行資本は、形式的には、貨幣を一定期間貸し付けて、この期間中の貨幣の使用料を利子として獲得する歴史上の金貸資本の近代的な再来である。この銀行資本の主要業務は、預金の受け入れと直接貸付と手形の割引、すなわち預貸業務と割引業務の二つである。したがって、資金の貸付（融資）と手形割引とが銀行信用の中心的内容となる。

　預貸業務のなかの貸付業務は、基本的には銀行自身の資本、いわゆる自己資本を貸し付けるのではなく、一般的には、個別産業資本の遊休貨幣資本を主要部分とする社会全般の遊休資金を預金として吸収して（預金受入業務）、それを——とはいっても、すべてが貨幣金ではなくて、大半は貨幣金との交換（いわゆる兌換）が可能な自己銀行券や中央銀行券ではあるが、ここではひとまずそれらをまとめて貨幣としておく——個別産業資本を主要部分とする、社会全体の資金需要者に融通する形で行われる。すなわち、銀行資本は、特定の産業や生産部門あるいは特定の資本家どうしの個別的な取引関係を対象とせずに、基本的には広く一般社会全体の不特定多数を対象とするのであって、これにより、社会の遊休資金を集中して、それを必要とする産業や生産部門へ配分する仕組みが制度化されることになる。それとともに、貨幣のもつ社会的使用価値——購買手段、支払手段、そしてとりわけ資金としての機能——を一定期間利用すること自体も、一社会的に公然と商品化され、取引の対象となるのである。

　貨幣の一定期間の利用というこの特殊な商品についても、一般商品や労働力商品や土地の貸借がそれぞれ独自の市場をもつように、資金に関する需要と供給を専門的に調節する場としての貨幣市場が形成され、需給の変化に応じて、この商品の価格である利子の割合（利子率）も上下に変動することになる。しかも貨幣の使用価値に質的な差はなく、すべての貨幣で同一であるため、一般商品でも商品種ごとに一物一価が形成されるように、同一量・同

一期間の貨幣の利用には、原則的に一律に同一の利子がつくようになる。すなわち、利子率の凹凸は貨幣市場での三面的競争——①借り手間競争、②貸し手間競争、③借り手対貸し手間競争——の作用によって均されて、共通の利子率である一般的利子率が迅速に形成されるのである。もちろん、利子率は他の商品とまったく同じように、資金需要が資金供給を下回る場合には、借りてもらいたい相対的に弱い立場の貸し手と、借りてあげる相対的に強い立場の借り手との関係として、借りてもらおうとする貸し手間の競争圧力が借りようとする借り手間の競争圧力を上回るために、下降圧力を受けて低下する。逆に、資金需要が資金供給を上回る場合には、貸してもらいたい相対的に弱い立場の借り手と、貸してあげる相対的に強い立場の貸し手との関係として、貸してもらおうとする借り手間の競争圧力が貸そうとする貸し手間の競争圧力を上回るために、上昇圧力を受けて上昇する。そして、両者間の競争圧力が釣り合う場合には、利子率はその水準で安定することになる。このように一般的利子率の高さが、資金の需給状況を集約して反映するために、その動きが市況を判断する指標の役割を果たすことになる。

　銀行資本の利潤、すなわち銀行利潤の直接的根拠はいわゆる利鞘である。この利鞘は、預金しない限りは減りもしない代わりに１銭たりとも価値を増殖しない遊休貨幣の所有者が資金の供給者となるために、その分、預金させてもらおうとする供給圧力が相対的に高くなり、その結果として預金金利が相対的に低くなるということと、逆に、借り受けた資金を生産活動なり商業活動なりに投資すれば利子を上回る利潤の獲得を期待できる資本家が主要な資金の需要者となるために、その分、融資してもらおうとする需要圧力が相対的に高くなり、その結果として貸付金利が相対的に高くなるということとを、商品経済的な合理性に基づいて結びつけ利用したものである。すなわち、銀行への預金に対しては一定の利子率で預金利子（預金金利）を支払い、融資相手からは預金利子よりも高い利子率での貸付利子（貸出利子・貸付金利）を得ることで、貸付利子と預金利子との差額を利鞘として獲得し、必要経費を差し引いた残りを自分の利潤とするのである。

例えば、年3％の預金利子で1万£の預金を受け入れて、それを年6％の貸付利子で1年間融資すれば、この銀行はこの1万£で1年間に300£の利鞘を獲得できるのである。さらにこの300£から、この1万£に関する諸々の必要経費を差し引いた残りがこの銀行の利潤ということになる。この点からすれば、近代の銀行資本は単なるG…G′という運動を展開するのではなく、貨幣のもつ社会的な諸機能自体を特殊な商品Wとして、預金者から預金利子を支払って期限付きで買い、それをより高い価格の貸付利子で貸付相手に期限付きで売るという、G―W―G′の運動を展開しているのである。あるいは、G…G′の資本が、貨幣もしくは貨幣の機能に関して"安く買って高く売る"というG―W―G′の商人資本の形式を取り入れて、G（預金利子）―W（貨幣機能）―G′（貸付利子）の運動を展開したもの、それが銀行資本に他ならない。

　しかし、この形式自体には、利鞘という人間間の交換価値の移転が銀行利潤の形式上の直接的な根拠であるということを示す以上の意味はなく、その実質的な根拠はこの形式の外に求める以外にない。すなわち、その根拠は融資を受けて貸付利子を支払う側の商品経済的活動に、それも窮極的には遊休資金の生産資本としての投下や生産的流通費用としての投入に求める以外にない。確かに利子は貨幣を借りた者から貸した者への交換価値の移転であるが、銀行資本の得る貸付利子の大部分は、社会の総価値量を変化させない単なる価値移転ではなく、遊休資金の生産資本への転化や生産的流通費用への転化によって、それらが直接・間接に新たに形成し増殖させた価値からの移転なのである。したがって、銀行利潤の実質的な根拠は融資を受けた産業資本や商業資本の形成した剰余価値であり、その剰余価値の一部が利子という形態で銀行資本に分与されたものに他ならない。

　商業資本はその個別的な取引の範囲内で、取引相手の遊休貨幣資本の形成を前提にして成立する商業信用を利用するという仕方で、遊休資金を極めて間接的に利用し、さらに商業資本を利用する産業資本が流通費用の節約分を生産資本化するという仕方で、社会的な生産資本量の増加に寄与しているに

過ぎない。それに対して銀行資本は、広く一般社会から遊休資金を吸収し、直接融資という形においても次に述べる手形割引という形においても、それを産業資本や商業資本に融通することで遊休資金を生産資本化している。もちろん、銀行自身が遊休資金を直接に生産資本化しているのではないという点では間接的ではあるが、遊休資金を生産資本化しているわけではない商業資本と比較すれば、その間接性の度合いは、はるかに弱い、つまり、商業資本よりはより直接的である。さらに社会的な生産資本量の増加に対する銀行資本の貢献度も、産業資本の遊休資金全体を対象にして生産資本化することが可能なため、流通費用の節約分を生産資本化するに過ぎない商業資本と比較して、はるかに大きいといえる。

〈2〉
　銀行資本の第二の主要業務は手形の割引である。手形割引とは利子相当分の金額を差し引いて手形を買い入れることで、例えば、LがMから商品を信用買いしてMに額面100万円、支払期日3か月後の商業手形を振り出したものとする。約定期日まであと2か月の時点でMがLからの手形を現金化したい場合に、Mがその手形をN銀行に持参したとするならば、Mからその手形の提示を受けたN銀行は、その時点での一般的利子率――仮に年利6％とすると――2か月分の利子の1万円を引いた残りの99万円で、その手形を買い取ることになる。つまり、手形の買取りという形でMを媒介としてLへの融資が行われたのと同じことになる。2か月後の支払約束日には手形を振り出したLが100万円をN銀行に支払って手形を決済するのであって、N銀行は1万円の割引料を獲得し、必要経費を除いた残りを利潤として得ることができる。
　このように、銀行の手形割引は、LとMとの個別的な商業信用の関係（債権債務関係）をLと銀行との信用関係に振り替えることになる。これは、銀行がMに替わってLに信用を与えることに他ならず、銀行の与える信用ということで手形割引は銀行信用の最も典型的な例である。手形割引の際に――

そして融資の際にも——銀行が支払うのは一般的には本位貨幣（貨幣金）ではなく銀行自身が振り出す自己銀行券である。自己銀行券は、一般には自己宛一覧払かつ持参人払手形の形式をとった債権、つまり銀行手形であるが、通常は本位貨幣（中央銀行制度の確立以後は中央銀行券）との兌換を保証してあり、さらに期限の限定や譲渡の際の裏書保証の必要もないため、信用貨幣としての信頼性や流通性は商業手形の比ではなく、より高度の社会的一般性を備えている。したがって手形割引を通した銀行信用は、商業手形と商業信用のもつ個別的・限定的な信用関係をより社会的な一般性をもつ信用関係に転化することになる。

一方、直接融資や手形割引による間接融資が現金（貨幣金）ではなく銀行券で可能であるということは、社会的な遊休資金として銀行に吸収された貨幣金量を超えた融資が可能になることを意味している。通常は、発行された銀行券が一度に本位貨幣である貨幣金との兌換を要求されることや、預金が一斉に引き出されることはなく、こうした事態を前提にすれば、貨幣金の支払準備率——（銀行に実際に準備されている貨幣金量）÷（一斉に支払いと兌換を求められたときに必要な貨幣金量）——は100％である必要はない。したがって銀行は、一資本として価値増殖を目指して他のすべての資本と競争を展開している以上、特に他の産業資本や商業資本が順調に価値増殖を続けているときに、その景気の波に乗り遅れるわけにはいかないのであって、自分にとって有利かつ安全であると判断される限りは、吸収した貨幣金量を上回る信用を形成するし、また競争の圧力によってそうするよう仕向けられるのである。このように、支払準備金を上回って信用が形成されることを信用創造という。

例えば、預金の受け入れによって100万£の支払準備金を持つ銀行が、自己銀行券によってそれと同額の直接・間接融資を行った場合——この場合、預金の支払いと発行銀行券の兌換が一時に請求された場合に必要な貨幣金量は200万£であるから、支払準備率は50％ということになるが——この銀行は合計200万£の支払約束債務を負うことになる。このうちの100万£は支払

準備金の裏付けのない債務であって、したがってその分だけ信用が創造されたことになるのである。

　この信用創造は次に述べる中央銀行と一般銀行との間でも行われることになる。もちろん、民間の個別資本に対する一般銀行の信用創造も一般銀行に対する中央銀行の信用創造も、無制限あるいは無節操に行われるのではなく、支払準備金の原資となる個別資本からの一般銀行への預金供給と還流、および一般銀行からの中央銀行への再預金供給と還流の状況によって、ある程度は規制されることにはなるが、支払準備金と信用創造との間には明白に客観的な基準はなく、信用創造の規模は、この意味で当事者たちの恣意的な判断に任されている。いずれにせよ新たに創造された信用分だけ——しかもケインズがその乗数理論で定式化したように、信用創造も一定の乗数効果をもつのであって——銀行の信用供与は融資先の信用の連鎖を通してその何倍、何十倍もの信用を波及的に創造するのである。これによって、当の銀行の活動も含めて、銀行から融資を受けた産業資本や商業資本の経済活動が活発に、事後的にみれば往々にして必要以上あるいは限度以上に、活発になるのである（ケインズに関しては、J. M. ケインズ『雇用・利子および貨幣の一般理論』塩野谷祐一訳、東洋経済新報社、1983年、を参照のこと）。

〈3〉
　他方、銀行資本といえども私的な個別資本でしかなく、発行した銀行券への貨幣金の支払い約束に対する保証能力や信頼性には、自ずと私的個別資本としての限界がある。こうした限界を打破するために誕生したのが、国家的信用と結びついた中央銀行制度である。それは、商品世界が数多くあった一般的等価物の中からその機能に最も適した金を貨幣として選択したのと同じように、銀行の世界も数多くある銀行の中から"銀行の銀行"に最も適した有力銀行を中央銀行に格上げして、銀行制度を中央集権化したものである。中央銀行は、対外的には国際的支払いのための金準備を行う唯一の銀行であり、国内的には法貨として認められる唯一の兌換紙幣＝兌換銀行券（中央銀

行券)の発券業務を独占する銀行でもある。そのため中央銀行の保証能力と中央銀行券への信頼性は資本主義経済のなかでは最高度のものとなり、ここに銀行信用の社会的一般性はその完成形態をみることになる。中央銀行はその他の一般銀行(普通銀行、市中銀行ともいう)を相手に、一般銀行からの支払準備金の受け入れ(再預金)と一般銀行への直接貸付けのほかに、手形の再割引も行う。そして、中央銀行の一般銀行に対する貸出金利あるいは手形の再割引のさいの割引率が、いわゆる公定歩合であって、一般銀行の貸出金利はこの公定歩合を基準にして、それと連動しながら上下に変動することになる。(なお、公定歩合のことをわが国では2006年以降、「基準割引率及び基準貸付利率」、あるいは補完貸付金利と呼ぶようになっている。)

　こうして、社会的な資金の需要・供給の状況は、個別資本と一般銀行との関係を土台にして、さらに一般銀行と中央銀行との関係へと繋がり、最終的には中央銀行と公定歩合の動きに集約される。一般的に言って、経済活動全般が安定的に推移している場合には、遊休資金の供給も需要も安定的に推移するため、利子率も安定している。しかし、経済活動全般が加熱状態の場合は、資金需要が資金供給を上回るため、利子率は上昇する。逆に、経済活動が沈滞状況の場合には、資金需要が資金供給を下回るため利子率は低下する。他方、利子率が高くなると、資金供給が強まる反面、借り手の負担が重くなるため資金需要は弱まる。その結果、遊休資金の生産資本や生産的流通費用への転化が減少して経済活動を沈静化させる作用をもつ。逆に、利子率が低くなると資金供給が弱まる反面、借り手の負担が軽減するため資金需要は強まる。その結果、遊休資金の生産資本や生産的流通費用への転化が増加して経済活動を活発化させる作用をもつ。このように、経済の状況が利子率の動向に反映し、その利子率の動向がさらに経済に反作用を及ぼすのである。このことは公定歩合とそれに連動する一般銀行の利子率が、その動きによって社会的資金の需給関係や銀行の信用創造を調整し、それを通して――もちろん利子率の変動が経済活動全般に影響を及ぼすことができる範囲内においてではあるが――個別資本の運動を間接的ながら、ある程度、社会的に規制あ

るいは抑制し得ることを意味している。そして、経済の局面次第では、例えば好況末期（恐慌直前期）のように、利子率の変化が資本の運動に決定的な影響を与えることもあるのである。

　さらに、中央銀行を頂点とする銀行制度を通したこのような遊休資金の生産資本や生産的流通費用への転化は、資金の適正な社会的配分を媒介することで、社会的総労働を社会の各産業に——それも生産部門にとどまらず商業、金融を含めたすべての産業部門に——適正に配分する結果をもたらす。そのため、社会的総資本による経済原則の充足を機構的・制度的に促進することになる。例えば、商品の社会的供給が不足している部門では需要圧力が供給圧力を上回るために、その商品の市場価格は生産価格水準以上に上昇し、少なくともこの商品生産部門を担当する標準的資本以上の資本には、一般的利潤率を超える利潤が与えられる。そのため、すでにこの生産部門を担当している資本は追加投資をしようとするであろうし、さらに他の部門からの流入や新規参入を計画する資本も存在することになるであろうが、自己資金が投資に必要な初期費用に満たない場合には、その不足分を銀行からの融資で補うことでこの部門への追加投資が迅速に実現し、供給不足に機動的に対処することが可能になる。

　このように、社会的な遊休資金の有効活用を媒介する銀行制度は——しかも中央銀行をはじめとした銀行群による信用創造は、あたかも梃子の原理のように遊休資金の実量の何倍もの影響や効果を発揮するのであって——社会的総労働の各産業への適正配分を迅速に媒介することで、資本による社会的分業の均衡編制にとっての、したがって価値法則と利潤率均等化法則の円滑な貫徹にとっての、必要不可欠な制度的条件になっている。すべての資本は、より多くの利潤・より高い利潤率を目指す競争のなかで、この銀行制度とその信用機構とを最大限に活用することで、生産・商業・金融のすべての部門での利潤率の凹凸を均しながら、競争圧力が動的に均衡する水準で全産業部門にわたる利潤率の均等化を達成するのである。

（3）擬制資本

〈1〉

　銀行制度の確立と発展とによって、産業資本・商業資本の区別を問わず、すべての資本は銀行との結びつきを深める。一方では、それぞれの運動の諸局面で生じる遊休貨幣資本を銀行に預け入れるとともに、他方では、銀行からの融資を多かれ少なかれ受け入れることになる。銀行から借り入れた資金——銀行にとっては貸付資本——は、返済期日まで時々刻々、利子を生んで膨らみ続けるが、産業資本や商業資本が銀行からの融資を受ける事態が社会的に一般化すると、こうした貸付金の性格は借り手の資本家には心理的な圧迫を与え、貸し手の資本家にも一定の心理的な効果を及ぼして、借り受けた貨幣・貸し付けた貨幣は時間とともに自動的に利子を生んで増え続けるという観念を一つの社会的な通念に変えて、資本主義経済の当事者たちに植え付けることになる。こうした理解で捉えられた貸付資本を利子生み資本という。

　この資本家的な観念はさらにその適用範囲を拡張して、他人から借り受けた貨幣や他人に貸し付けた貨幣は言うまでもなく、生産活動や商業活動に投下した貨幣資本までもがその投下先のいかんに関わらず、とにかく働いている貨幣は自然に利子を生むものとみなすことで、一方では利子を生むことのない遊んでいる貨幣を極力減らそうとする資本家たちの努力をもたらし、同時に他方では自分の投下した資本についてもこの理解を適用して、獲得した利潤の一部は利子生み資本自体が自動的に生み出した利子とみなすことになる。そして、総利潤からこの利子相当分を差し引いた残りは、労賃形態によって増幅された観念——剰余価値あるいは利潤は、投下資本全体がその運動を通して自然に生み出した付加価値であるとみなす観念——との相乗効果によって、資本家的な企業活動自体が生み出した利潤、すなわち企業利潤もしくは企業者利得として捉えられる。果てにはそうした企業活動に自分の貴重な資金を投下するという危険を敢えて冒したことに対する社会からの当然の報酬である、というように自分に都合よく理解されることにもなる。

例えば、1000£の費用価格を投入して4か月で1200£の価格で売れる商品を生産し、それを1120£の卸値で商業資本に販売を委託する先ほどの産業資本の場合、いま貸付金利が年6％とすると、この産業資本の120£の利潤のうちの20£は、はじめに投入した1000£の貨幣資本＝利子生み資本が4か月間で自動的に生み出した利子とみなされる。というのは、この1000£を他人に貸し付ければ貸付資本自体の力で労せず20£を自動的に得ることができるからである。そして残りの100£が、貸付資本の力以外の原因によって、つまりは資本家自身の力（資本家の資本家としての活動、すなわち資本家的労働）によって生み出されたものとして、したがって企業利潤もしくは企業者利得（いわば資本家への賃銀）とみなされるのである。

　自動的に一定期間ごとに一定の割合で利子をもたらすという利子生み資本の観念は、逆に、社債・公債・株式などの有価証券や地代・家賃などの不動産賃貸収入さらには年金のように定期的に貨幣収入をもたらす収入源を、それらの表面的・形式的な類似性に基づいて利子生み資本と同格のものとみなし、その結果、遡及的にこれらの収入源を利子生み資本に擬して捉えるという転倒した観念に行き着くことになる。こうした理解で捉えられた仮構の利子生み資本を、擬制資本もしくは架空資本と呼ぶ。この擬制資本の資本化価値——資本化したときに（資本とみなしたときに）それがもっているものと仮定した場合の交換価値——の大きさは、本来は資本でないものを資本に換算する、いわゆる資本還元の方式で求めることができる。

　この方式は、定期的貨幣収入を一般的利子率で割るという方法で、例えば一般的利子率が年5％のときに1エーカーの土地から年に5£の地代が得られるものとすれば、この1エーカーの土地は、5£÷5％＝100£　の資本化価値を持つ擬制資本とみなされるのである。それは、100£の貨幣が利子生み資本に転化すると年に5£の利子という定期的貨幣収入をもたらす関係とまったく同じことだからである。なお、この資本化価値の大きさは、その算出方法からも明らかなように、定期的貨幣収入が一定ならば、一般的利子率が高くなるほど小さくなり、逆に低くなるほど大きくなる。これからも、

利子率が上昇すると株式をはじめとした証券類の価格が下落し、逆に利子率が低下すると上昇するという、証券市場での価格変動の理由の一端が理解可能となる。(より現実的には、利子率の変動が与える資本活動への影響と業績の変化を予想した投資家たちの損得勘定や投機的思惑により、利子率の変動にともなって資金が貨幣市場と証券市場との間で移動し、その結果、両市場での需給関係に変化が生じて上のような変化をもたらすなどの様々な要因が絡んでいるために、これだけではそのすべてを説明することは不可能ではあるが。)

この資本還元によって、それまで社会的に取引の目安となるような価格のなかった、あるいはそのような価格のつけようながなかった各種の収入源にも、擬制資本としてそれぞれ一定の大きさの資本化価値が与えられる。その結果、それぞれが一定の大きさの価格をもった収入源に転化することになる。そうすると、商品経済においては、私的個人の所有物で価格をもつものはすべて商品として取引の対象となるため——正確に言えば、私的個人の所有物で何らかの使用価値をもつものが交換関係に取り込まれて取引の対象となるや否や、その所有物は商品形態を纏って商品となるため——こうした収入源を擬制資本として売買する独自の市場、すなわち擬制資本を一種の商品として取引する資本市場が形成される。公社債に関しては債券市場が、株式に関しては株式市場が——一般的にはこうした証券類の売買・取引を行う市場を一括して証券市場という——さらには土地や建物に関しては不動産市場が、形成されるのである。

擬制資本の商品化という関係は、定期的に貨幣収入をもたらすということ自体が一つの特殊な社会的使用価値とみなされ、この社会的使用価値のもつ交換価値、それが擬制資本の価格になっている関係であるといえる。例えば、上の1エーカーの土地は100£の資本化価値をもつものとみなされたのであるが、この土地を100£で購入した者は、1年ごとに5£の地代を生むという資本主義経済下での土地の特殊な社会的使用価値を購買したといえるのである。このことは、それまで商品化されていなかった土地に価格が付与され

て取引の対象になるということ、すなわち土地の商品化をもたらし、またそれとともに、すでに慣習的な価格や当事者の力関係で決定される価格で取引されてきた一部の土地にも、取引の目安となる社会的な基準が成立したということでもある。それは同時に、資本主義経済に対応した近代的な土地所有制度と土地の取引様式とが完成したことの証拠でもある。

〈2〉
　このように資本主義経済では、一般商品のようにそれが自然的・物的な属性に由来する本来的な使用価値であれ、労働力商品のように人間の活動自体として発揮される使用価値であれ、さらには貨幣や擬制資本のように社会的に特殊な機能をもつという派生的な使用価値であれ、人間にとって有用な物や有用な機能は、それを所有している者とそれを求める者とがいる限り交換関係に取り込まれて商品化され、したがって交換価値をもつことになるのである。本来は資本でないものを資本とみなすという一種の倒錯した資本家的観念は、実はそうでもしなければ商品経済の論理——使用価値と交換価値の単純な二項対立を軸にすべてを商品形態で包摂し、商品として処理しようとする論理——に適合する形で商品形態を与えることが困難なものを商品化するのに必要な媒介項に他ならない。こうした商品経済的な観念や資本家的な観念は、様々な性格や側面を持つ複雑な諸関係を使用価値と交換価値との単純な二つの要素の対立関係に分解し、それらの表面的・形式的な類似性に基づいて同一原理で一様に処理しようとするために、結果的に一面では真相を隠蔽する作用をもつことになるが、それはまた、あらゆるものを商品形態で包摂しようとする本能をもつ商品経済自体が要請する観念でもある。というのは、こうした観念の発生とそれに基づく行動様式の成立とによって、商品経済的合理性は交換関係で覆われたすべての領域で自己を貫徹し、それによって商品経済は円滑に作動することが可能となるからである。それはまさしく、非商品経済的な周辺の領域をしだいに交換関係に取り込みつつ、それらの構成要素を交換価値と使用価値との単純な二つの要素に還元することで自

己に同化させながら、自己の論理の支配する領域を絶えず拡大しようとする商品経済のもつ膨張本能の現れであると言えよう。

ただし、商品経済といえども人間の経済活動の一様式である限り、その論理、その合理性は、一人の人間でみても多数の人間の集まりでみても、多様な個性を持つ個々の人間を通して働く以外に方法はないのであって、心理的な側面も含めて、人間あるいは人間たちのもつ多様性によっていわば屈折し、時には歪められ、時には増幅され、結果的に行動の多様性となって発現するのである。したがって、個々の人間についても社会全体についても、すべてを商品経済の同一次元の同一論理のみで律することはできない。資本が生産過程の固定性や産業間の差や土地の自然的な格差などを先験的な前提として受け入れざるを得ないように、個々の人間存在のもつ多様性とそこから生じる揺らぎ的な影響や差異は、商品経済の論理一辺倒では説明も処理も仕切れない側面を残さざるを得ない。もちろん、そうした商品経済の論理にとっては攪乱的・偶然的な要因でしかない人間や社会のもつ非商品経済的な側面を、商品経済の論理で正面から具体的・積極的に措定することは、明らかに論理矛盾であり元々不可能ではあるが、それらが商品経済の論理や商品経済下での諸個人の行動に与える揺らぎ的な影響や多様性は、商品経済に刻印された払拭できない一側面として考慮しておかなければならない。商品や資本の論理は、個々の人間についても社会全体についても、必ずしも商品経済的な合理性に完全には従うわけではない部分、いわゆる確率変数的部分（主音に対する雑音(ノイズ)）を含みながらも、結果的・大勢的には、それに従う場合、あるいは従わせられる場合の方が多いという仕方で貫徹する。そういう意味において、支配的なのである。

さらに、商品経済的な合理性に従った行動をとる場合でも、商品経済的合理性それ自体のもつ論理上の次元的な階層性に基づいて、同じ状況、同じ立場でありながらも異なった行動様式が成立することさえあり得る。例えば、同一状況下で同一量の蓄蔵貨幣＝遊休貨幣を所有する者が複数いたとしても、必ずしも全員が商品経済的な合理性に照らして最適・最善の同一行動をとる

とはいえない。その人の個人的資質や気質の差によって異なった行動をとったとしてもなんら不思議ではない。その遊休貨幣を用いて資本家になる者もいれば（それも、ある者は産業資本家に、ある者は商業資本家に、そしてある者は銀行資本家になる）、さらに預金金利の獲得を目的に手堅く銀行に預ける者もいれば、利己的動機に基づく投機的な思惑から証券市場で株式を買う者もいれば（経験に照らして株式の配当率が平均して利子率を上回る場合には、投機的な思惑がなくても株式を買うことは商品経済的な合理性に適う行為となる）、将来の値上りを期待して土地を買う者もいれば、交換価値の損傷を防ぐために家で箪笥預金をする者さえいてもかまわないのである。

この場合、利益の最大化という点では最適とはいえない行動でも、全員それぞれ商品経済的な合理性に基づいて行動していることには変わりがない。ただ従っている論理の次元や位相が異なっているだけのことである。しかも忘れてならないのは、資本主義経済が本質的にもつ流動性や不安定性によって、事前に何が最適であるのか、いかなる行動が合理的であるのかは分かりようもなく（事前に分かれば、それこそ全員同じ行動をとる可能性が大であろうけれども）、それを判定するのはいつでも事後の結果である。つまり、これが最適な行動であったという過去形や完了形でしか判定のしようがない。結果的には、資本主義経済での行動様式からすれば産業資本家になるという積極的な行動をとった者が破産の憂き目に会い、箪笥預金をするという消極的な行動をとった者が最適な行動をとったことになる場合も十分あり得るのである。したがって、当事者たちは、こうした資本主義経済のもつ不確実性や不確定性を考慮しながら、少なくとも主観的には自主的な判断で行動を選択するのであって、そこに個人的な資質の差によるブレが入りこむ余地があり、それが行動の多様性となって現れるのである。

こうした諸点を考慮するとき、擬制資本の人格的な担い手として、主として次の2種類が考えられる。
① 抽象的な商品論次元や貨幣論次元では単純な商品所有者群や単純な蓄蔵

貨幣所有者群のなかにその一部として存在していた諸個人が、三大階級の資本家や労働者や地主として分岐していった諸個人のグループとは別に、いまや、一方の側には定期的な貨幣収入をもたらす貸地や貸しビルや証券類を所有し販売しようとする諸個人として存在し、他方の側には所有する蓄蔵貨幣のより有利な活用先を探している金利取得者や金満家や投資家の顔をした諸個人として存在しているのであって、彼らが擬制資本の人格的な担い手の一部となる。世の中には、量は多いが面倒も多い不安定な利潤よりも、量は少なくても安定度の高い、しかも他人の活動に寄生できる利子や配当の方を選択する集団が必ず存在するものである。

② 商品経済においては同一個人が、あるときには商品所有者として、別のあるときには貨幣所有者として、またあるときには資本家（あるいは地主・労働者）として存在するように、取り結ぶ関係性の違いによって複数の役割や行動様式をもつことになる。したがって、三大階級の資本家や地主、さらには労働者のなかにも、その社会的な地位に規定された本分の域を超えない範囲で、したがっておもに個人的な生活の場面においてであろうが、そうすることが自分の利害にとって有利だと判断することによって不動産投資や証券投資に手を出す者がいてもまったくかまわない。もちろん、こうした諸個人の中には、本業としても、株式の発行によって資金を獲得しようとして株式会社形態の経営様式を採用する産業資本家や商業資本家や銀行資本家が存在することになる。こうした諸個人が擬制資本の人格的な担い手の別の一部となるのである。

（積極的には措定できないという意味で、さらには①②のグループの一部と重なり合うという意味で補足的ではあるが、三大階級のなかにもそれ以外のなかにも、その個人的な事情や資質によって、その社会的な地位に規定された本分の域を超えて、あるいは同じ立場にある他の大多数の個人はたいていの場合そのような行動をとらないという意味で、いわば過度に擬制資本に入れ込む者が存在する可能性もある。この場合、本業に少なからず影響が生じることになるが、その影響は時と場合によって正にもなれば

負にもなるのであって、商品経済的な合理性に照らして一概に不合理な行為であるとは言い切れない。こうした諸個人が存在する場合には、彼らもまた擬制資本の人格的な担い手の一部となる。もちろん、こうした、いわば規格外の諸個人の存在は、他のすべての経済的範疇の人格的担い手についてもいえることではある。）

〈3〉
　資本主義経済における資本市場、とりわけ証券市場の最大の役割は、銀行制度が資本の運動過程から生じる各種の遊休貨幣資本を、さらにはそれに準じる形でその他の遊休資金も含めて、生産資本化する機能をもつものであるのに対して、銀行制度でも吸収しきれずになお残っている社会の各階級・各階層の遊休資金や蓄蔵貨幣を、可能な限り吸収して生産資本化することである。とりわけ産業資本は、巨大な生産設備のために莫大な資金を必要とし、さらにその資金の一大部分を固定資本として長期間にわたり生産過程に束縛せざるを得ないのであって、単なる運転資金ならともかく、資金の回収に長期を要する設備資金の大半を私的な個別資本でしかない銀行から調達することは極めて困難である。しかも生産力水準の高度化による固定資本の巨大化と高費用化および回収期間の長期化は、資本の蓄積の進展とともに累進的に進行するため、産業資本にとっての資金調達の困難の度合いはますます大きくならざるを得ない。
　こうした産業資本にとって、自分の貴重な貨幣を敢えて起業や企業という資本家的な冒険的活動に投入し、それによってその貨幣に資本としての運動を開始させた者には、社会からの報酬として企業利潤もしくは企業者利得が与えられるものと理解しても構わない（矛盾のない）事態の一般的な成立は、資本自体の商品化——企業利潤・企業者利得という貨幣的収入を生み出すことのできる、資本のもつ特殊な社会的使用価値の商品化——をもたらすことで、資金の重要な調達源となる。原理的には、企業利潤を投下資本量で割って１株あたりの配当金として分配するのがいわゆる株式（それを証券の形に

したものが株券）であるが、この場合、株式の資本化価値は実際の投下資金量ではなく、配当を一般的利子率で割ったものとされるので、そこに差額が発生し、投機の対象となるのである。例えば、一般的利子率が年３％のときに、100 £で株式を購入した投資家が年に６£の配当を得られるとしたら、６÷３％＝200　より、この株式は200 £の時価をもつことになる。したがって、この投資家がこの時点でその株式を証券市場で売却すれば、100 £の利益を得ることが可能となる（もちろん、逆に損失を被ることも十分あり得る）。

　いずれにせよ、巨額の資金を必要とする——とりわけ、新規商品の開発や新規産業の開拓の際には、銀行からの融資が不可能なほどの大量の資金が必要になる——産業資本にとっては、さらにはそれに準じる形でその他の種類の資本にとっても、資金調達の面からして証券市場の存在とその利用はますます必要不可欠な制度的・機構的な条件となるのである。こうした利点を活かして、全部ではないにしても、少なくとも資本の一部は株式を発行する株式会社の経営様式を採用することになる。資本市場は銀行制度を基礎としながら、その社会的機能をさらに補完し補強するものであり、銀行信用の上部構造といわれる理由もここにある。

　こうして資本主義経済は、可能な限り社会の各領域を商品経済に取り込み、そこに沈殿している遊休貨幣という無駄を省き、価値増殖に利用できるものを最大限、価値増殖のために総動員する最終的な仕組みを完成させるのである。それとともに価値法則が、したがってまた利潤率均等化の法則が、貫徹するための社会的な機構がすべて出揃うことになる。貨幣形態の成立から始まった商品世界の自己組織化という共同作業は、ここにその最後の断片をはめ込むことで原理的には最終的な完成をみることになる。結局、資本主義経済は、概念的には、使用価値（実体）と交換価値（形態）の対抗関係を軸とした極めて簡素な二項原理を駆使して、単純な商品形態から始まり、最後は資本の商品化によって再び単純な商品形態へと回帰して閉じるという、円環的に完結した論理構造をもって存立していることになる。そしてそれは、資本主義経済が原理的にはこれ以上の発展形態をもち得ないということを、し

【3】 社会的総資本の均衡編制

たがって、擬制資本が資本主義経済の原理的な発展の極点であるということを意味しているのである。

補注　8

（1）宇野の見解に見られるように、商業資本と銀行資本の展開順序に関しては、銀行資本を先にして商業資本を後にする考え方がある。その根拠は、社会的遊休資金を融資によって、より直接的に生産資本へ転化する銀行資本の方が、流通費用の節約によって間接的に生産資本化するに過ぎない商業資本と比較して、社会的な遊休資金の生産資本化という観点からは積極的な役割を果たすという点と、商業資本家の活動が資本家としての活動を純粋に代表することから企業利潤という観念の現実的根拠にしやすい、つまり、利潤の、企業利潤と利子生み資本の利子への分化を導きやすいという、2点である。

しかし個々の産業資本の運動にとっては、資本としての運動が確立して順調に価値増殖を実現しながら、その運動の諸局面で発生する遊休貨幣資本をいかに有効活用するのかという問題と、それ以前に資本としての運動が成り立つかどうかという自分自身の販売過程の問題とでは、いずれが解決を急がなければならない問題なのか、という視点から考えると、まずは運動としての確立を急ぐはずである。遊休貨幣資本の活用は、産業資本としての運動の一部である、少なくとも内的により直結した販売過程の問題に一応の解決をみた後の問題である。こうした基本的な考え方から、さらに内部から外部へ、直接的なものからからより間接的なものへ——遊休資金の生産資本化という点だけでみれば、商業資本よりも銀行資本の方がより直接的な役割を果たしているが、産業資本の運動過程全体からすれば、商品の"命懸けの飛躍"を担う産業資本の重要な一過程である販売過程を委託された商業資本のほうが、商品の販売過程が産業資本の運動にとっては直結している分、より直接的に関わっているのである——という論理の自然な流れに即して、本書では商業資本論から銀行資本論へと展開している。また、企業利潤の観念も、商業資本の活動から発生するというよりも、すでに労賃形態が成立した時点で、産業資本は限りなく$G—W—G'$に近似させられ、同時に利潤を資本自身の活動から生じるものとして捉える観念

も即自的には成立していたものであって、それが、利子生み資本の観念の成立とともに利子と対比される形でよりいっそう鮮明化し、その結果、より増幅されて現れるものとして捉えることができる。

（2）擬制資本の成立、とりわけ資本の商品化に関しても、社会の遊休資金を産業資本の運動から生じる各種の遊休貨幣資本のみから形成されるものとすると、確かに資本家の資本家としての社会的な行動としては擬制資本に自己資本を投下する事態が一般化することはまず考えられず、個人的な性格や資質の差異のような特殊な条件の存在を想定しない限り、理論上は現実化することはあり得ない。したがって資本の商品化は、効率性を追求することを宿命付けられている資本家の精神や理念としてしか提示しようがなくなることになる。しかし資本の商品化を含む擬制資本の理論上の現実化、すなわち単なる理念としてではなく、実際にその理念を行動として展開する人格的な担い手の設定は、抽象的にではあるが、可能であると考えられる。

本論でも述べたように、資本主義経済は、その存在を原理的には明示的に設定できない、したがって理論的に一般化できないために捨象されるような非商品経済的な諸要素を、一人の人間の中にも社会の中にも抱えている。さらに重要なことは、原理論の対象とされる、いわゆる純粋資本主義社会──資本家・労働者・地主の三大階級からなる全面的商品経済としての資本主義社会──をはみ出すかなりの商品経済的な部分を含んでいるということである。純粋資本主義的な商品経済の論理は、そのような攪乱的要素で屈折しながらも、それでも商品経済の論理として、ただし一様な現れ方ではなく、多様な現れ方で自己を貫徹するのである。資本主義社会といえども、人間社会の一部、数学的に言えばその真部分集合でしかない。それらの存在の具体的内容は論理的には措定不可能でも、存在するという点は多少抽象的な形ではあれ──例えば、擬制資本の人格的な担い手として本論で述べたような投資家層が存在するという形で──想定可能である。非商品経済的なものや純粋資本主義外の商品経済的部分が純粋資本主義的な合理性や行動様式に投げかけている影響や、商品経済の論理が生の個人に担われて貫徹することから必然的に生じる攪乱的な揺らぎが、資本主義経済下での諸個人の行動に与える多様性は、商品経済の論理の裏側に常に

張り付いているのであって、これが商品経済の論理自体に階層性をもたらすと同時に論理さえも分岐させる点を考慮しなければならない。宇野自身の言葉を多少アレンジして援用すれば、商品経済の論理や資本の論理からすれば「正常」でない「仕方」の内に「正常な仕方」が貫徹するのである。したがって「正常」でない「仕方」の存在も、「正常な仕方」の特有な貫徹の仕方を理解し説明するうえでは、逆説的ではあるが、ある程度は論理展開にとって必要となってくる。むしろ、強く言えば、「正常でない仕方」を含むのが資本主義経済の「正常」な在り方なのである。

　実際、資本主義経済は論理展開上、はじめは単純な商品所有者のみからなる全面的商品経済として出発したのであるが、そこから貨幣所有者が分岐し、そのなかから蓄蔵貨幣所有者が、さらにそのなかから資本家が分岐し、産業資本の登場とともに、商品経済の論理だけでは導出できない、しかしはじめの商品所有者の中にその存在が予定されていた賃銀労働者も参入してきたのである。地主にしても超過利潤の資本主義的な処理方式に関わるものとして、論理的に要請されて商品所有者の中から土地所有者として具体的に登場してきたのである。商業資本家、銀行資本家にしても然り、論理の要請によって、論理の世界に掬い上げられて登場するのであって、擬制資本概念の登場とともにその人格的な担い手もはじめの単純な商品所有者のなかから、あるいは蓄蔵貨幣の所有者のなかから、例えば投資家という多少抽象的な姿で登場しても、なんら不思議なことではない。さらに、資本家や労働者や地主が、商品所有者でもあれば貨幣所有者でもあるように、同一人物が複数の顔を持っているのであって、その顔の一部として投資家の顔をしていてもかまわないのである。要するに、擬制資本を成り立たせる人格的な担い手は、三大階級の中にも、はじめに想定した単純な商品所有者のなかにも——いまや、賃貸ビル・賃貸土地の所有者や各種の債権の所有者・投資家・金利取得者などの顔をして——存在することができるのである。商品経済の論理ではその必然性が論証できない国家にしても、貨幣制度や通貨紙幣や中央銀行制度との関連で、その存在の影を商品経済の論理の上に投げかけているのであって、より具体的な分析領域である段階論や現状分析の際には、原理論のこうした側面がそれらの領域と新たな次元で接合することになる。

　したがって例えば、地主や資本家や、あるいは労働者のなかにさえ、個

人的な消費に充てる遊休貨幣のなかから、その額は大小様々であろうし、また大部分は自分の社会的な存在位置を損なわない程度に、株式等の証券に投資するものがいたとしても不思議ではない。さらに、資本家、労働者、地主の三大階級の他に社会には様々な階層の人々が存在しており、三大階級を含めて、それぞれ様々な次元で商品経済的な論理や社会的通念（イデオロギー）に大枠的には従いながら——それゆえに、価値法則も利潤率均等化の法則も貫徹して、資本主義経済が存立しているのであるが——しかしそれでも、ときには商品経済的な合理性や社会的通念から逸脱して商品経済の論理の貫徹に攪乱的な揺らぎを与えながら、そしてときには逆に商品経済の論理を増幅し増強させながら、自分の思惑で自由に行動しているのであって、同一次元の論理だけでは説明できない登場人物の多面的な性格や行動多様性が、商品経済を特徴付けることになる。ちょうど、商品価格や利潤率や利子率といった資本主義経済の諸運動や諸現象が絶えざる変動を通して均衡的重心を形成するように、資本主義経済の諸原理も、非商品経済的諸要素や非純粋資本主義的諸要素の与える絶えざる攪乱的な影響に揺らぎながらも、それらに支配的な影響を与え返しつつ、自己を貫徹するのである。

　なお、商品経済の揺らぎとしては基本的には次の2種類が考えられる。一つは、商品経済的な合理性に基づく行動でありながらも商品経済の無政府性によって生じるもので、需給や商品価格の変動として典型的に現れる商品経済を構成する諸要素自体の、いわば商品経済の本質に根ざした揺らぎである。この種の揺らぎこそが商品経済の動的均衡を支えているのであって、それによって商品経済が硬直化するのを防いでいる。もう一つは商品経済の論理だけでは説明不可能な揺らぎで、例えば、天候の良し悪しが農作物の生産や価格に与える影響のように自然が原因となっているものや、人間の気質・判断の差が遊休資金の利用方法や経営手腕の差や投機などの行動の差となって現れるように個人差が原因となっているものや、科学や技術上の発見や発明が生産性の変化や産業構造の変化をもたらすように人間の他の分野での活動が原因となっているものや、さらには原論では捨象されている労働者の労働運動や階級闘争、そして国家や国際関係などのような社会的要因が原因となっているものなどに分けることができる。要するに、非商品経済的諸要素が商品経済に与える偶然的・攪乱的な影響とし

ての揺らぎであって、現実の資本主義経済に多様性と各種の差異を与えている。もちろんこれらの揺らぎは、前者の揺らぎも後者の揺らぎも共時的に重なり合いながら存在しているのであって、時には互いに同調して共鳴し合い、時には互いに相殺して弱め合っている。

【4】 社会的総資本の蓄積過程

　資本主義経済の構造が論理的には完結した構造になっているとはいえ、その経済構造は決して静態的・固定的な構造ではなく、むしろ法則的な運動力学を備えた極めて動態的・流動的な構造である。すなわち、古代の奴隷制、中世の封建制といった他の歴史上の経済様式と異なる近代資本主義経済の際立った特徴は、その微視的かつ巨視的な動態性・流動性にある。資本主義経済における均衡はすべてが動きを通した均衡、すなわち動的均衡であり、商品の市場価格の動きであれ資本の利潤率や利子率の動きであれ、絶えず均衡を破ろうとする動きとそれを絶えず打ち消そうとする動きの作用・反作用的な相互反応過程のなかに、それらの動きの重心として均衡点が形成されてくるのである。資本主義経済全体の構造も、それを構成する諸要素間の動的均衡が複合的に集積することで維持されている。しかし、資本主義経済の動態性はそれに留まらない。動的均衡の上に維持されている構造全体が資本主義経済の運動法則によってさらに大きな脈動を周期的に繰り返しているのであって、この構造全体の大きなうねりにこそ資本主義経済のダイナミズムが最も端的に表れている。そして、景気循環として表れるこの大きなうねりこそ、社会的総資本の現実的な蓄積過程を特徴付けている最たるものなのである。

X 資本の再生産方式

（1）個別資本の再生産方式

　生産が年々繰り返されることを再生産というが、その必要性・必然性は言うまでもなく、窮極的には、社会のすべての成員が諸々の活動のために年々消費する生活物資やその他の物的有用物を年々繰り返し供給しなければならないということに基づいている。さらに、これらの生活物資や物的有用物は素手では得られないため、その生産に必要な生産手段も再生産されなければならない。さらにまた、この生産手段を生産するのに必要な生産手段も再生産されなければならない。結局、いかなる社会であれ、社会の存続のためには毎年必ず一定限度以上の物的有用物の再生産が実現されなければならないのであって、再生産の必然性もまた経済原則の一部をなしている。資本主義経済では、こうした社会の必要とする有用物はほとんどすべて商品として個々の資本によって生産されている。したがって、資本主義経済では個々の資本が再生産されることでその集合体としての社会的総資本も再生産され、それによって社会全体の、資本主義社会としての再生産も確保されることになる。

　個別資本の再生産はその資本規模の大きさを基準にして、縮小再生産、単純再生産、拡大再生産の三つに分類することができる。

　縮小再生産はそれまでよりも資本規模を小さくした再生産であるが、生産している商品の社会的需要の減少がすでに明確になっている場合や、市場の状況から判断して需要の減少が確実視される場合、資本が生産業種を転換するためにその業種から一部分撤退する場合、あるいは恐慌時や景気の後退時などに規模の縮小を余儀なくさせられる場合などにみられる再生産の方式である。

　単純再生産と拡大再生産の違いは、$G—W \cdots P \cdots W'—G'$での$G'$に含まれ

る⊿G、すなわち利潤の処理の仕方で決定される。単純再生産は、利潤がすべて資本家の個人的な消費に充てられる場合や、すべて内部留保もしくは銀行への預金に回されて生産資本の形では追加投資が行われない場合で、後者の場合は全体としての資本量は増大しているが、どちらの場合も生産はそれ以前と同一の資本規模で繰り返される。単純再生産は、生産している商品の市場が飽和状態にある場合や、景気の動向が不透明な時期などのように資本家が慎重に状況判断をしている場合などにみられるため、好況時には通常みられない消極的な再生産の方式である。

　拡大再生産は、多かれ少なかれ利潤の一部が生産資本として追加投資される場合で、生産はそれ以前と比較してより大きな資本規模で繰り返される。このように資本の規模が拡大することを資本の蓄積という。拡大再生産には、原資が自己利潤でなくとも銀行からの借入金や資本市場で調達した資金が生産資本化されて追加投資される場合も含まれる。拡大の規模あるいは拡大率は、生産に追加投入される資本の大きさ、あるいは既存資本量に対する追加資本量の比率によって決まる。資本の価値増殖とその利潤としての回収が順調に行われる好況時や、新規開発商品の生産と販売によって超過利潤が得られる場合、あるいは生産性の高い優秀な生産設備の導入によって超過利潤が得られる場合などにみられる、積極的な再生産の方法である。他の資本との競争のなかで絶えず有利な価値増殖を追求することを宿命付けられている資本にとっては、この拡大再生産の方式こそがその本性に照らして自然かつ正常な、本来的に望ましい生産方式である。

（2）社会的総資本の再生産方式

　個別資本の再生産に縮小再生産・単純再生産・拡大再生産の三つの方式があるように、個別資本の集合体である社会的総資本の再生産にもその総資本量の面から、縮小再生産・単純再生産・拡大再生産の三つの方式がある。そ

して、個別資本の資本としての正常な再生産の方式が拡大再生産であるように、社会的総資本にとっても拡大再生産が正常な再生産の方式である。その結果、社会的総資本の運動に支配されている資本主義経済全体も、蛇行的な動きをしながらも趨勢的にはひたすら成長軌道をたどることになる。

　拡大再生産のためには、当然のことながら追加投資のための追加労働力と追加生産手段とが必要になる。追加労働者の生活に必要な追加生活物資および追加生産手段は、それらを構成する各種の商品ごとに波及的・連鎖的に追加需要を形成するが、それらは物的な一般商品であるため、それぞれの商品を生産する産業資本によって追加生産されて市場に追加供給され、そこでの売買によって各労働者と各産業資本は必要とする諸商品を調達することができる。ところが、労働力そのものは生身の人間と一体化しているために、他の一般商品と同じように資本の生産過程で直接に生産することは不可能である。生活物資の消費によって労働力の再生産は可能ではあるが、その前提となる人間そのものは、資本はおろか生活物資によっても直接は生産できない。それは労働者の私的・個人的な生活に委ねる以外に方法はないからである。したがって、追加労働力の調達は追加雇用が可能な労働者層の存在、もしくはその形成を前提にすることになる。

XI　資本の蓄積様式

（1）資本構成一定の蓄積

　剰余価値あるいは利潤が再び生産資本として再投下されて資本規模が大きくなる、いわゆる資本の蓄積には、ちょうど剰余価値の生産方法に絶対的剰余価値の生産と相対的剰余価値の生産という二つの方法があったように、それと同じ性格をもった二つの様式がある。

　一つは資本の有機的構成——以下、単に資本構成と呼ぶ——が変わらない一定のままの蓄積である。生産技術や生産方法の変化は、まず例外なく労働生産性の変化をもたらすとともに、資本の価値構成と技術的構成の双方に影響を及ぼすが、従来の生産技術や生産方法をそのまま延長して追加投資をする場合には、基本的には労働生産性にも資本の価値構成や技術的構成にも影響を与えない。質的内容を変えずに資本の規模をただ量的に拡大するこの蓄積の仕方が、資本構成一定あるいは資本構成不変の蓄積様式である。この蓄積は比喩的に横への蓄積と呼ばれることもある。この様式の蓄積の場合、可変資本Ｖと不変資本Ｃとは正比例して増加するが、このことは追加労働が不変資本の増加に比例して必要になるということの反映である。この追加労働は、追加資本量あるいは蓄積増加量が少ない場合には、既存の雇用労働者が労働時間を延長するか労働の強度を増すかすることによって、ある範囲までは補うことも可能ではあるが、労働時間の延長や労働強化には物理的限界や労働者の心身的限界がある。そのため、ある限度を超えて蓄積が進展する場合には、最終的には新規の追加労働者を雇用することで補う以外にない。例えば、100人の労働者を使用する工場とまったく同じものをもう一つ新設すれば、新たに100人の追加労働者が必要になるように、である。

　したがって、資本構成一定のままの蓄積が、あるいはこの蓄積様式による拡大再生産が社会的に一定限度以上まで進展すると、資本の蓄積量と追加雇

用労働者数とは比例せざるを得ないため、しだいに追加雇用の可能な労働者は少なくなり、ついには労働者不足そして労働者涸渇の状況を招くことになる。供給不足がその商品の価格を上昇させることは一般商品も労働力商品もなんら変わることはない。つまり、労働力も商品である以上、労働者不足による労働力不足はその価格である賃銀の上昇を意味している。理論上は、資本家の利潤がゼロになる水準まで——実際的な局面では一時的にマイナスになる事態さえ生じる——賃銀は上昇可能であるが、それでは資本としての意味はなくなる。単に個別資本のみならず社会的総資本にとっても、したがって資本主義経済としても、労働者を吸収し続ける一方のこの蓄積様式とそれに基づく拡大再生産のみでは、早晩、行き詰って頭打ちの状態にならざるを得なくなる。

（2）資本構成高度化の蓄積

　もう一つの蓄積様式は、資本構成を高度化する蓄積である。この蓄積は横への蓄積に対して、比喩的に縦への蓄積と呼ばれることもある。資本構成を高度化するには可変資本Vに対する不変資本Cの比率を相対的に大きくするか、不変資本Cに対する可変資本Vの比率を相対的に小さくするかしなければならないが、そのためには、人手（労働者数）をかけない生産技術や生産方法を採用しなければならない。自然環境への依存度が極めて高い第一次産業の場合、事はそれほど簡単ではないにしても、その他の産業では、その最も有効な方法が生産性の高い機械装置を導入することである。これによって、例えば1日100人の労働者が必要であった工場でも、1日10人の労働者で十分になる場合さえおこり得る。このように資本の構成を高度化することで、必要な労働力そして労働者数が減少することになる。その資本にとって過剰となった労働者達は雇用契約を打ち切られ、いわゆる相対的過剰人口——ここで相対的というのは、社会にとって絶対的に過剰なわけではなく、あくま

【4】 社会的総資本の蓄積過程

でも資本の必要とする労働者数と比較して（これが相対的ということ）過剰だからである――を形成し、いわゆる産業予備軍となって、労働力が必要となった場合に備えて待機することを余儀なくさせられる。

　先の資本構成一定の蓄積様式とそれに基づく拡大再生産が労働者を資本の生産過程に吸収するものであったのに対して、資本構成を高度化する蓄積様式とそれに基づく拡大再生産は、一方では労働者間の雇用競争を強めて労働時間の延長や労働強化、さらには賃銀切り下げの手段に転化するとともに、他方では労働者を資本の生産過程の外へ放出するものでもある。この意味において、この蓄積様式は労働者人口の自然増のみに依存しない、資本主義独自の追加労働力の産出様式あるいは調達様式である。しかも、いち早く生産性の高い優秀な生産手段を導入して資本構成を高度化する資本には、市場の評価を通して特別剰余価値を根拠とした超過利潤の獲得という特典が与えられるため、この蓄積様式はそれを追求しているすべての資本によって強力に推進される関係にある。

　ところが、資本の構成を高度化するたびに資本のより大きな部分を固定資本として、機械装置を中心にした生産手段や生産設備に投下しなければならない。すなわち資本構成が高度化すればするほどますます大きな割合で、投下資本の一大部分が固定資本として生産過程に束縛されることになる。したがって、新規生産設備への切り替えは、固定資本を主要部分とする既存生産設備類の廃棄にともなう諸費用と、新規生産設備の導入費用およびそれによってもたらされる利益との、総合的な損得の比較によって行われるため、一般的には予想利益が廃棄諸費用を上回り、総計で利益の発生が見込まれない限りは行われない。つまり、資本構成を高度化する蓄積は、現実的には固定資本の存在によって大きく制約されているのである。それゆえに、ひとたび新規生産設備への切り替えによって資本構成が高度化されると、巨額の資本が固定資本として長期間、生産過程に束縛されるため、しばらくは――たとえその期間中により生産性の高い優秀な機械や生産技術が発明あるいは開発されたとしても――いったん高度化された資本構成のまま、生産が続行され

ることになる。したがって資本構成の高度化は、現実的には次々に連続して起こることはなく、結果的には景気の状況に強制されて断続的に実施されることになる。

　こうして、資本構成一定の蓄積と資本構成高度化の蓄積は、労働者の資本の生産過程への吸収と、そこからの放出という関係と背中合わせになって、順に交代で行われることになるのである。そして、これこそが景気循環の大きな脈動を形成する主要因に他ならない。

… 【4】 社会的総資本の蓄積過程

XII　景気循環

　資本主義経済の総体的な蓄積過程が、現実的には、好況・恐慌・不況という三つの主要な景気局面を周期的に繰り返すことを景気循環というが、これらの局面は、縮小再生産・単純再生産・拡大再生産の三つの再生産方式と資本構成一定・資本構成高度化の二つの蓄積様式とが――その裏面として、労働者の資本の生産過程への吸収とそこからの放出とが――相関連して複雑に絡まりあいながら発現することになる。

（1）好況期

　好況期は、個別資本の大部分が順調な価値増殖運動を展開している時期で、獲得された利潤は銀行制度を中心にした貨幣市場を通して直接・間接に、その時点での市況から判断してより多くの利潤・より高い利潤率の望める生産部門から、したがって社会の景気の動向を牽引し主導する生産部門から投入されて順次生産資本化されていく。銀行に吸収されずにまだ社会のいたるところに退蔵している遊休貨幣のうちの一部は、さらに資本市場を経由して同様に生産資本化される。その結果、社会に存在していた大量の遊休資金のうちの一大部分が固定資本となって生産過程に束縛されていく。この時期には、各生産部門とも採用可能な最新・最鋭の生産設備が導入され、ひとたび導入されたあとは、その生産力水準での資本構成一定のままの拡大再生産が進展する。拡大再生産とともに追加労働力も必要となるため、産業予備軍の中から新規雇用あるいは再雇用の労働者が、生産部門をはじめ社会のすべての産業部門に吸収されて雇用労働者数は次第に増加していく。産業予備軍の数にまだ余裕があるとはいえ、この状況下では労働力商品をめぐる需給関係は需要圧力が供給圧力を上回るため賃銀はゆるやかに上昇し、その結果、この時

期には労働者階級の生活水準もそれなりに改善することになる。

　価値増殖の好調さを受けて利潤率は一般的に高い水準にあり、それぞれの生産部門内の需給の不均衡だけでなく異種部門間の利潤率の凹凸も、個別資本の活発な部門間流出入運動を通して絶えず平準化される。その結果、生産価格体系の現実的な基礎が形成されるため、全産業部門にわたって利潤率の均等化傾向が生じる。利子率に関しては、高い利潤率水準によって遊休貨幣資本の発生も旺盛なため遊休資金の供給は順調であるが、各資本の拡大再生産のための資金需要も旺盛であるため貨幣市場での資金をめぐる需給関係はほぼ均衡し、その結果、利子率も経済活動に対して中立的な中位水準で維持されている。

　資本構成一定のままの拡大再生産が続行していくにつれて、少なからず労働時間の延長や労働強化が行われてはいるにしても、労働者の生産過程や産業部門への吸収によって産業予備軍は減少し続け、追加労働力の供給余地も次第に失われていく。やがて労働市場では需要圧力が供給圧力を大きく上回り、賃銀は大きく上昇することになる。その結果、一方では、労働者の産業間の移動を前提とした資本の部門間流出入運動による産業間の不均衡調節作用が著しく失われて、産業構造上の歪みが蓄積していくことになる。他方では、資本の利潤率は実質的にはこの時点でかなり低下することになるが、ほとんどの産業資本は商品の販売を商業資本に委託しており、さらに産業資本も商業資本も幾重にも信用関係で覆われているために、この利潤率の大きな低下は直ちには現実化しないで表面的な活況の背後でひそかに進行し、いずれ明らかになる歪みを蓄積していく。銀行による信用創造がなければ、利潤の減少に基づく銀行への預金の減少は支払準備金の減少をもたらし、それによって銀行の貸し出しもより直接的に抑制されるのであるが、信用創造によってこの抑制作用は実際的な有効性を殺がれてしまっている。さらに銀行自身も他の資本と同様に、投機的なブームのなかで目先の収益率に支配されて、増大した融資要求や割引要求に対して敢えて冒険的貸し出しで応じることさえ多々あるのである。やがて、追加投資による拡大再生産の部分が膨張した

生産力となって徐々に現実化し、社会の各生産部門で実際に商品を生産し市場への供給を開始するとともに、社会の需要量を上回る商品が市場へ出回って滞留し始める。とりわけ旺盛な投資によって景気を牽引し、結果的に行き過ぎた投資によって最も大きな歪み（矛盾）を抱え込むことになった生産部門から次第に過剰生産と過剰供給が暴露されることになる。その結果は、販売不振による商品価格の暴落である。

　ここに至ると、幾重にも重なる信用関係という緩衝材によって水面下で繰り延べされてきたために表面化しなかった利潤率の急低下という事態は、ついに表面化せざるを得ない。貨幣市場への資金供給が急減する反面、各個別資本からの運転資金の需要や支払い用の融資の要請は急増することになる。そうなると、中央銀行の公定歩合をはじめ市中の利子率は急騰し、いわゆる利潤率と利子率が衝突する――低下する利潤率と上昇する利子率とが等しくなる――事態が発生する。銀行を主体とする金融機関は、こうした貸付資金の不足する状況下では金融引き締めを行わざるを得なくなる。そうなると、各個別資本の体力＝資金力には多かれ少なかれ必ず格差があるため、融資を受けられなくなって資金不足となった個別資本は、産業資本、商業資本、銀行資本を問わず、結局不渡り手形を出して倒産・破産に至ることになる。手形の不渡りと倒産・破産は、信用関係の網の目を通して信用不安を連鎖的に社会全体に波及させていく。資本市場では株をはじめとして各種の擬制資本が暴落する。こうして資本市場と貨幣市場の破綻から発生した金融恐慌は信用全体を麻痺させて商業恐慌へと伝播し、ついには経済の深部へと至って産業恐慌となる。結局、深浅の差はあれ、経済の全分野を巻き込んだ全般的恐慌となって資本主義経済全体を大混乱に陥れるのである。

（2）恐　慌

　株に象徴される証券類の大暴落、土地価格の大幅な下落、商業信用・銀行

信用の動揺と銀行への取り付け騒ぎ、多数の個別資本の倒産、その結果、社会の広範囲にわたる支払い不能と経済活動の大混乱——それまで蓄積されてきた様々な歪み（矛盾）を一挙に吐き出す、こうした諸現象をともなった資本主義経済全体のいわば急性循環不全の状態、これが恐慌である。恐慌時には、資本の蓄積が一時的に停止するだけでなく、資本の生産過程は部分的な停止を余儀なくされて縮小再生産を行うことになる。過剰に生産された商品の販売は不振を極めるため大量の在庫が形成され、その商品は投げ売り状態になる。縮小再生産によって操業時間が減少するだけでなく、余剰人員となった労働者は解雇されて相対的過剰人口を形成して産業予備軍となる。利潤率は限りなくゼロに近いかもしくはゼロを割り込み、倒産を免れた資本もその多くは好況期に蓄えた内部留保や余剰資金の食い潰しで辛うじて倒産を免れている状態である。信用制度そのものもいわば崩壊状態にある。資金への需要は急増しているが、誰もが資金不足の状況であるため、信用売買も資金の貸付も停止せざるを得ない。倒産を免れた金融機関は自分自身の破産防止のために貸し出しの停止を余儀なくされているだけでなく、むしろ融資の回収に狂奔中である。恐慌の規模と期間は、過剰資本の規模および信用関係と産業資本や商業資本の水増し分を除いた実質的な生産・流通活動との結び付きの大きさ・深さによって、規定される。

　恐慌を特徴づけていた諸症状の停止、すなわち証券価格や土地価格の下げ止まり、銀行への取り付けの終焉、個別資本の連鎖的倒産の終息、各種経済活動での混乱の収束、こうした現象の沈静化にともない、資本主義経済はようやく混乱・動揺の恐慌期を抜け出て辛く厳しい不況期に入ることになる。

（3）不況期

　恐慌という経済全体の一時的な痙攣(けいれん)が治まると、景気の局面は不況期に入る。好況期には、いわば資本家的協調精神で利潤獲得競争を横並びで展開し

【4】 社会的総資本の蓄積過程

ていた各個別資本は、一転して食うか食われるかの熾烈な生存競争を展開する。一切の無駄を省いて生産諸費用を限界まで切り詰め、生産効率を極限まで上げようとする資本家たちの合理化に向けた必死の努力は、一方では過剰となった資本を整理することで生産手段の価値破壊を引き起こすが、これは、巨額の資本を生産過程に束縛していた固定資本の制約から脱出する準備を整えていくことになる。他方では、労働市場での供給過多の状態を背景に、労働時間の延長・労働強化・賃銀切り下げといった労働者に対する締め付けの強化となって現れ、利潤獲得の素地を広げることになる。労働者階級の生活状況が最も厳しい時期であることは言うまでもない。生活水準を最低限まで切り詰め、好況期の蓄えで辛うじて日々を持ちこたえる以外に術はない（なお、理論上は労働者の必要生活費は景気循環を通した平均生活費で規定されるため、好況期にはこの平均を上回り、その分で恐慌・不況期の平均を下回る分を補うことになるのである）。

やがて、恐慌の痛手が相対的に軽微であった資本や、社会的に過剰資本の整理が進むなかで不況期を耐えて徐々に資本としての体力を回復し強化してきた資本のなかから、新たなより高い生産力水準を備えた機械設備や生産技術を導入して旧来の生産方法から切り替える資本や、新規生産部門を開拓した資本が出現してくることになる。資本の構成を高度化する新しい生産方法の採用は、一方では新たな過剰労働力を生み出すことで解雇労働者数を増やすが、これは相対的過剰人口を追加形成するとともに労働者間の働き口を求める競争を激化させて、資本による労働者に対する締め付けをさらに強くする。他方では、まだ旧来の生産方法で生産を続けている同業の他資本には不可能な特別剰余価値を形成することで、超過利潤の獲得を可能にする。こうした一部資本による先行的動きは、競争の作用で必ず他の同業資本へと伝わり、次第に社会的に普及していく。

不況期の利潤率は、過剰資本を抱える個別資本の価値増殖が不調なために低位の水準に留まっているが、利子率も資金需要の相対的な減少を受けて低位水準にあるため、新生産方法の導入にあたっては融資を受けやすい環境に

なっている。さらに低迷していた資本市場においても、破産を免れて有利な投資先を求めている投資家たちの遊休資金を集めやすくなっているために、増資しやすい環境になっている。つまり比較的低利の融資や資本市場を通した増資が、新たな生産設備の採用に大きな役割を果たすのである。こうした一部資本による不況脱出と、高度化した新しい生産力と新しい資本構成での再生産が社会的な普及を開始するとともに、次の新たな好況期に突入していくことになる。

かくて資本主義経済は、好況期には基本的には資本構成一定のままの蓄積と拡大再生産を進めることで、相対的過剰人口を資本の生産過程や流通過程に吸収し、恐慌後の不況期には基本的には資本構成を高度化する蓄積を進めることで、相対的過剰人口を資本の生産過程や流通過程から放出するという対照的な運動を交替で繰り返しながら——マルクスはこれを"資本主義的生産様式に独自な人口法則"と呼んだのであるが——労働力商品の特殊性に基づく労働力商品の調達という問題を、視点を変えれば、むしろ労働力商品が資本の蓄積に与える制約を、社会全体に大きな痛手を与えつつも現実的に乗り越えて（解決して）いるのである。これによって、資本主義経済は蛇行的な運動を繰り返しながらも、全体としては螺旋的な成長軌道をたどることになる。

（4）恐慌の必然性

恐慌の直接的原因は、社会的総資本の大部分で利潤率の大きな低下が同時的に生じることである。さらにこの利潤率の低下それ自体の最大原因は、資本の部門間流出入運動などでは解決不可能な、労働力不足による賃銀の急激な上昇である。生産要素のうちの生産手段は物的商品であるため、産業資本による生産によって需要に対応した供給が可能であるが、人間の生身と一体化している労働力商品は資本の生産物ではなく、その生産と供給は最終的に

【4】 社会的総資本の蓄積過程

は資本の運動の外部にある労働者の私的生活に依存しなければならない。一方、労働力商品も商品である以上は、需給関係による価格（賃銀）の変動を免れることはできない。社会的に資本の構成一定の拡大再生産が進み、産業予備軍が吸収され続けて労働力が底をつく状況になれば、一時的にせよ利潤に割り込むまで賃銀は急騰せざるを得なくなる。これが全般的な利潤率低下の最大要因である。

ただし、労働力不足は、生産性の高い生産技術の発明や開発による資本構成の高度化によって解消できる側面もあるため、他の補助的要件なしに労働力不足による単なる賃銀上昇のみで恐慌が必然的に発生するか否かは、資本構成一定の蓄積の進展による労働力の資本の運動の内部への吸収作用と、資本構成高度化による労働力の資本の運動の外部への放出作用との力関係によって、つまり、労働者の生産部門への吸収量と生産部門からの放出量との大小関係によって規定されるため、これだけでは原理的には判定が困難である。

それにもかかわらず恐慌の発生が必然的になるのは、巨大な固定資本の存在によって資本構成高度化の蓄積が大きく制約される関係を基礎にして、労働力不足が解消される前に労働力不足が資本の蓄積に与える負の影響が、貨幣市場や資本市場を含めた信用制度全般の限度いっぱいの活用による社会的総資本の膨張によって、臨界以上にまで増幅され増強されるからに他ならない。すなわち、固定資本という大きな足枷を嵌められているために否応なく重い足取りにならざるを得ない資本構成の高度化が、労働力不足の解消に手間取っている間に、好況によって活発化した各資本の足取りも軽やかな価値増殖運動が、全産業にわたって信用制度を最大限に利用することで、資本量の臨界点――既存の労働力量を前提にして資本の価値増殖が可能な限界、いわば社会の資本許容量――以上に社会の総資本量を膨張させるからである。既存の利用可能な労働力量によって、社会的に正常なすべての資本が価値増殖することのできる資本規模を適正規模ということにすれば、信用によって加速され乗数化されることで限界を超えるまでに引き伸ばされた資本の膨張は、この適正規模を上回る資本である過剰資本を一社会的な規模で大量に形

成することになる。

　生産過程に投下されて生産資本化した過剰資本は、景気を牽引する主要産業を中心に過剰生産力となっていずれ現実化せざるを得ないため、早晩、資本主義経済下での社会的需要をはるかに超える大量の商品が市場に供給される事態となる。過剰資本が引き起こした労働力不足と、それに基づく賃銀の上昇は、それ自体がすでに利潤率を低下させるものであるが、過剰生産による費用価格部分の総体的増大と商品の販売不振による売り上げの総体的減少とは、さらに一段と利潤率を低下させずにはおかない。さらに、銀行制度の過度の利用による利子率の高騰と、それがもたらす高利の負担が資本の運動に対する社会的規制としてはたらいて追い討ちをかけるため、社会的総資本の連環編制はその最も弱い環——それは皮肉なことに、景気を牽引してきた、それゆえに最も大きな歪みを抱えた主導的な産業になることが多い——から綻（ほころ）びをきたして、恐慌に至るのである。

　資本主義経済には、資本の価値増殖を推進し加速させる制度や機構（アクセル）は幾重にも備わっているが、それを制御し穏やかに減速させる仕組み（ブレーキ）は備わってはいない。そういった仕組みは、留まることを知らない増殖本能をもつ資本の本質にも目的にも反するものだからである。利子率の高騰による資本の運動に対する社会的な規制も、資本の暴走を穏やかに沈静化するどころか、その急激な景気減速作用によって恐慌の引き金を引くことになる。つまり資本主義経済は、資本の暴走に対しては恐慌という暴力的な規制方法しか持ち合わせていないのである。それは、全速力で走り続けている者の足を止めるのに急性循環不全をもってするようなもの、と言ってよい。結局、絶えざる自己増大を経済的本能とする資本の本質と運動とから生じた社会的総資本の膨張と過剰資本の形成が、一方では、労働力不足による賃銀の急騰を引き起こし、他方では過剰生産による商品価格の急落を引き起こし、さらには信用創造に牽引された銀行信用の過度の利用による利子の過重負担がこれに加わって、利潤率の壊滅的な下落となって現れ、資本の価値増殖と蓄積とを急停止させる恐慌という事態を必然的にもたらすのである。

（5）資本主義経済の原理的限界

　経済恐慌は、戦争のように社会全体を破滅に導きかねないほどの一大事ではないにしても、少なくとも社会の一部には確実に破滅的な影響をもたらさずにはいない。資本主義経済がその運動の一過程で必然的に恐慌を発生させるというこの事態は、社会が存続する上で満たさなければならない経済原則を資本主義経済が一時的・部分的にせよ逸脱することを意味している。それは、価値法則の貫徹が綻びを見せる一瞬でもある。しかし、地震によって地殻の歪み（矛盾）が解消されるのに似て、社会の屋台骨を軋ませた混乱の瞬間が過ぎれば、資本主義もその商品経済的な秩序を徐々に取り戻し、再び経済原則を充足するように調整され誘導されていく。すなわち、再び価値法則に服するのである。したがって、巨視的・長期的には価値法則は貫徹し続けることになる。このことは、経済学原理的には、人類と人間社会が存続する限り、資本主義経済も永遠に存続することを意味している。少なくとも、資本主義経済の崩壊を示す論理は、資本主義経済それ自体のもつ論理から導き出すことは不可能である。もし、そのような論理あるいは事情があるとするならば、それは、経済自体を基幹的ではあるがその一部分として包み込んでいる人間社会総体の何らかの論理や事情、さらにはこの人間社会総体さえその一部分として包み込んでいる地球の自然環境総体が人間社会に強制する何らかの論理や事情、ということになるであろう。

　経済恐慌の発生は、資本主義経済がそのもてる生産力を資本主義的に有効に活用できる限度以上にまで成長できる潜勢力を秘めているということであるが、しかし、逆に言えば、資本によって実現可能な社会的生産力が資本主義経済という枠組みでは社会的に制御不可能なほど大きくなることの証でもある。唯物史観的な言い方をすれば、資本主義的な生産関係が資本の生産力にとって桎梏となっていることの証である。資本主義経済下の個々の要素は、

基本的には商品経済的な合理性に基づいて動いている。それにもかかわらず、それらの結果の集積が、全体としては過剰資本——もはや増殖不能な資本であり、したがって自己増殖する価値の運動体としての自分自身の本質を否定する存在と化してしまった自己矛盾としての資本——という膨大な無駄の一社会的な規模での大量発生にならざるを得ない、それも、社会の片方には膨大な経済的弱者層を形成し堆積しながらである。資本主義経済が、労働力を含めた社会の生産資源を適正規模の範囲で社会的に有効に活用できず、一部ではあるとはいえ自分自身を否定せざるを得ないまで暴走してしまう、一言でいえば、自らの力を自ら制御できない、これこそ資本主義経済では最終的に解決することが不可能な矛盾であり、したがって、資本主義経済の原理的な限界に他ならない。

　このことは、人類があるいは人間社会が、より矛盾のない社会を目指す限り——そうでない場合は、話は別であるが——資本主義経済が人類や人間社会にとっての最終的な経済様式や経済体制ではないということを、それゆえに、資本主義経済に取って代わる経済様式や経済体制が存在する可能性があるということを、意味している。そうした社会組織や社会形態が発見され樹立されない限り——資本主義社会が、唯物史観でのいわゆる上部構造的な諸要因なしに、下部構造の経済的な諸条件のみで自動的にそういった社会形態へと変容していく可能性は、少なくとも原理的にはあり得ない。商品経済の論理による限り、資本は、過剰資本や社会の要請に応えられなくなった資本部分を否定することはあり得ても、自らを全否定することはあり得ないからである——それまで資本主義経済は、その周期性の規則正しさを失うことはあっても、社会的に膨大な過剰資本が蓄積され、そこから生じる諸矛盾を抑えきれなくなるたびに、そのときの社会全体が置かれている諸条件や諸状況に応じた様相で、もはや重荷でしかない過剰資本という贅肉を振り捨てるべく、病的な全身的痙攣を引き起こし続けるであろう。社会全体に痛みを与えながら、これまでがそうであったように、これからも。

完

あとがき

　本書は、法政大学での講義内容に基づいて著したものであるが、講義ノートを小著に編むことにした理由の一つは、経済原論の主要な骨格だけでも受講生に示すことの必要性が近年特に強く感じられるようになったからである。経済原論（経済学基礎理論）は、社会科学の一分野として、第一に、様々な社会的諸現象を貫いている基本的な事実との整合性を科学としての成立要件としているが、単にそれだけではなく、第二に、他の社会科学と比較しても類を見ないほどの論理的な首尾一貫性をも科学としての成立要件としている。このような性格をもつ経済原論の講義にとって、与えられた講義回数ではその緻密な論理構造の全体像を概略的にさえ示すことが困難なため、全体像の理解によってはじめて得られる種類の学問的な関心——原論はとりわけこうした性格が強い——を大いに殺いでしまう結果となっている。これは実にモッタイナイことといわざるを得ない。特に、今般の社会情勢によってマルクスあるいはマルクス的なものへの関心が高まっている反面、世界の例にもれず、今の日本でも若者がマルクス経済学に接する機会は皆無に近い状態にまで激減している。したがって、マルクス経済学に触れる貴重な機会を得たからには、その学問的な魅力の源泉である体系的論理性と論理的体系性を出来るだけ多く感得してもらいたい、少なくとも、そのきっかけになって欲しい——これが、この小著を編んだ主要な動機の一つである。

　とはいえ、とりわけ初学者にとっては、かなり難解な内容も含まれているのも事実である。その難解さは、われわれの世代が、ある意味無謀にも、マルクス経済学の最高峰である『資本論』の登頂からいきなり開始したのと比較すれば、相当軽減されてはいるが、1冊の原論を読み通すには、やはりそれなりの忍耐を要するのもまた事実である。さらに、マルクス経済学特有の概念装置や論理展開方法のもつ哲学的な色合いを帯びた"神秘的側面"も、

その難解さに輪をかけている。そこで最後に、マルクス経済学を特徴付けている論理の性格に関して一点、補足しておくことにしたい。

　この世に存在する一切の物事は、有形無形を問わず、そのモノがおかれている関係のなかで、あるいはモノが取り結ぶ関係のなかで、一定の性格や機能や意味をもっている。もちろん、モノにそうした性格や機能や意味を担うに足る素質が備わっていることが前提ではあるが、それにしてもその性格や機能や意味はこの関係の外では失われてしまうのであって、いかなる関係とも無関係にモノそれ自体がそれらを絶対的にもっているわけではない。あくまでも取り結ぶ関係のもつ一定の性格がそのなかに取り込まれているモノに、その関係のなかでモノが果たす役割に応じて、特定の性格や機能や意味を与えているのである。したがって、モノはそれを包摂している関係の性格を写す鏡なのである。あるいは、関係の特有な性格がモノに憑依してモノの特有な性格として現れ、モノの特有な性格として表されることになる、と言い換えることができる。

　マルクス経済学は、こうしたモノと関係との特有な関係性を看破した上で、モノの視点から——ただし、対象が物的財貨の生産・分配・消費の関係から成り立つ経済の領域であるために、基本的には自ずと物の視点からになる場合のほうが多いのではあるが——物や人々の活動それ自体があたかもこうした性格や機能や意味をもっているかのように取り扱うのである。例えば、商品がそれ自体として交換価値を備えているかのように、さらには資本の生産過程がそれ自体として価値形成増殖過程であるかのように、原因となる特有な社会的関係性を——前者の場合は人対人の交換関係を、後者の場合は生産活動を包摂している資本家対労働者の資本・賃労働の関係を——物に即して捉えるのである。物体の重量は、物体と天体との引力関係のなかで、その物

あとがき

体に与えられる物理学的な性格であって、この引力関係と切り離されたところで物体自体が重さをもっているわけではない。しかし、われわれは日常生活では物体自体が重さをもっているかのように取り扱う。われわれが日々の生活のなかで商品自体が価値をもっているかのように取り扱ったり、貨幣自体が特殊な力をもっているかのように取り扱ったりするのは、それと同じことである。

　こうした論理上の構え、あるいは概念上の姿勢をとることで、千差万別の多様性を持った人々の織り成す、実に様々な経済的諸活動は、商品の価格や生産量や資本の利潤などのような物の動きとして——物の動きに影響を及ぼすものは物の動きのなかに抽象され集約されて、他方、物の動きに影響しないものは捨象されそぎ落とされて——当事者たちの主観的な思惑を超えて客観的に把握することが可能となる。もちろん、この物の動きの背後には、前述のように、一定の社会的性格を帯びた人間や人間たちの一定の行動様式が張り付いているのであって、例えば商品の動きが、財貨の交換関係という人々の一定の行動様式を表しているように、資本という概念も、常識的に考えられているように、金儲けのための単なる貨幣や単なる物的生産手段を指しているわけではなく、金儲けのために貨幣や物的手段や他人を利用している人間たちの、社会的に構造化し慣性化した一定の行動様式を表しているのである。こうした意味では、$G \cdots G'$であれ、$G-W-G'$であれ、$G-W \cdots P \cdots W'-G'$であれ、社会的に規定された、人間の物と絡み合った一定の行動様式それ自体が資本なのである。マルクス経済学はそれを商品や貨幣の動きという物の動きから捉えていることになる。

　本書を含め、その他のマルクス経済学の著作の内容を難解であると受け取られた方は、以上の点を念頭に、再度、根気強く読み進められることをお勧

めする。

　本書を上梓するに当たり、多くの方々に一方ならぬお世話になった。法政大学の元総長（学長）、平林千牧先生には、原稿に目を通して頂いただけではなく出版社の紹介までして頂き、お礼の言葉もない。同僚の大澤覚氏と岡田百合子氏には原稿の段階で細かなスペル・チェックをはじめ、表現上の有益なご指摘を数々頂いた。心より感謝申し上げたい。また、厳しい出版状況のなか、本書の出版を快諾して下さった時潮社の相良景行氏、そして筆者の度重なる加筆・修正にも丁寧に応えてくださった校正の加藤賀津子氏をはじめ、時潮社のスタッフの皆様にも、紙面を借りて深くお礼を申し上げる次第である。

　　　　2010年6月18日

　　　　　　　　　　　　　　　　　　　　　　　　　　　　　著　者

【付録1】

K. マルクス『資本論』第1巻の目次

第1部　資本の生産過程

第1篇　商品と貨幣
第1章　商　品
第2章　交換過程
第3章　貨幣または商品流通

第2篇　貨幣の資本への転化
第4章　貨幣の資本への転化

第3篇　絶対的剰余価値の生産
第5章　労働過程と価値増殖過程
第6章　不変資本と可変資本
第7章　剰余価値率
第8章　労働日
第9章　剰余価値率と剰余価値量

第4篇　相対的剰余価値の生産
第10章　相対的剰余価値の概念
第11章　協　業
第12章　分業とマニュファクチュア
第13章　機械と大工業

第5篇　絶対的および相対的剰余価値の生産
第14章　絶対的および相対的剰余価値
第15章　労働力の価格と剰余価値との量的変動
第16章　剰余価値率を表す種々の定式

第6篇　労　賃
第17章　労働力の価値または価格の労賃への転化
第18章　時間賃金
第19章　出来高賃金
第20章　労賃の国民的相違

第7篇　資本の蓄積過程
第21章　単純再生産
第22章　剰余価値の資本への転化
第23章　資本主義的蓄積の一般的法則
第24章　いわゆる本源的蓄積
第25章　近代植民理論

『資本論』第2巻の目次

第2部　資本の流通過程

　第1篇　資本の諸変態とその循環
　　第1章　貨幣資本の循環
　　第2章　生産資本の循環
　　第3章　商品資本の循環
　　第4章　循環過程の三つの図式
　　第5章　流通期間
　　第6章　流通費

　第2篇　資本の回転
　　第7章　回転期間と回転数
　　第8章　固定資本と流動資本
　　第9章　前貸資本の総回転
　　　　　回転の循環
　　第10章　固定資本と流動資本とに関する諸学説
　　　　　重農学派とアダム・スミス
　　第11章　固定資本と流動資本とに関する諸学説　リカード
　　第12章　労働期間
　　第13章　生産期間
　　第14章　流通期間
　　第15章　回転期間が資本前貸の大きさに及ぼす影響
　　第16章　可変資本の回転
　　第17章　剰余価値の流通

　第3編　社会的総資本の再生産と流通
　　第18章　緒論
　　第19章　対象についての従来の諸論述
　　第20章　単純再生産
　　第21章　蓄積と拡大再生産

『資本論』第3巻の目次

第3部　資本主義的生産の総過程

第1篇　剰余価値の利潤への転化と剰余価値率の利潤率への転化

第1章　費用価格と利潤
第2章　利潤率
第3章　利潤率と剰余価値の関係
第4章　回転が利潤率に及ぼす影響
第5章　不変資本充用上の節約
第6章　価格変動の影響
第7章　補　遺

第2篇　利潤の平均利潤への転化

第8章　生産部門の相違による資本構成の相違とそれにもとづく利潤率の相違
第9章　一般的利潤率（平均利潤率）の形成と商品価値の生産価格への転化
第10章　競争による一般的利潤率の平均化　市場価格と市場価値　超過利潤
第11章　労賃の一般的変動が生産価格に及ぼす影響
第12章　補　遺

第3篇　利潤率の傾向的低下の法則

第13章　この法則そのもの
第14章　反対に作用する諸原因
第15章　この法則の内的な諸矛盾の展開

第4篇　商品資本および貨幣資本の商品取引資本および貨幣取引資本への転化（商人資本）

第16章　商品取引資本
第17章　商業利潤
第18章　商人資本の回転　価格
第19章　貨幣取引資本
第20章　商人資本に関する歴史的事実

第5篇　利子と企業者利得とへの利潤の分裂　利子生み資本

第21章　利子生み資本
第22章　利潤の分割　利子率　利子率の「自然的な」率
第23章　利子と企業者利得
第24章　利子生み資本の形態での資本関係の外面化
第25章　信用と架空資本
第26章　貨幣資本の蓄積　それが利子率に及ぼす影響
第27章　資本主義的生産における信用の役割
第28章　流通手段と資本　トゥックとフラートンとの見解
第29章　銀行資本の諸成分
第30章　貨幣資本と現実資本Ⅰ
第31章　貨幣資本と現実資本Ⅱ（続き）
第32章　貨幣資本と現実資本Ⅲ（結び）

第33章　信用制度のもとでの流通手段
　第34章　通貨主義と1844年のイギリスの銀行立法
　第35章　貴金属と為替相場
　第36章　資本主義以前

第6篇　超過利潤の地代への転化

　第37章　緒　論
　第38章　差額地代　総論
　第39章　差額地代の第一形態（差額地代Ⅰ）
　第40章　差額地代の第二形態（差額地代Ⅱ）
　第41章　差額地代Ⅱ─第一の場合　生産価格が不変な場合
　第42章　差額地代Ⅱ─第二の場合　生産価格が低下する場合
　第43章　差額地代Ⅱ─第三の場合　生産価格が上昇する場合
　　　　　結　論
　第44章　最劣等耕作地でも生まれる差額地代
　第45章　絶対地代
　第46章　建築地地代　鉱山地代　土地価格
　第47章　資本主義的地代の生成

第7篇　諸収入とそれらの源泉

　第48章　三位一体的定式
　第49章　生産過程の分析のために
　第50章　競争の外観
　第51章　分配関係と生産関係
　第52章　諸階級

＊この目次は、大月書店『マルクス・エンゲルス全集』の第23、24、25巻の目次から採録してあるが、巻・部・篇・章の部分の漢数字はすべて算用数字（アラビア数字）に直してある。

【付録 2】

宇野弘蔵『経済原論』(岩波全書) の目次

序 論
第一篇 流通論
 第一章 商 品
 第二章 貨 幣
 第三章 資 本
第二篇 生産論
 第一章 資本の生産過程
  第一節 労働生産過程
  第二節 価値形成増殖過程
  第三節 資本主義的生産方法の発展
 第二章 資本の流通過程
 第三章 資本の再生産過程
  第一節 単純再生産
  第二節 拡張再生産
  第三節 社会的総資本の再生産過程

第三篇 分配論
 第一章 利 潤
  第一節 一般利潤率の形成
  第二節 市場価格と市場価値(市場生産価格)
  第三節 一般的利潤率の低落の傾向
 第二章 地 代
 第三章 利 子
  第一節 貸付資本と銀行資本
  第二節 商業資本と商業利潤
  第三節 それ自身に利子を生むものとしての資本
  第四節 資本主義社会の階級性

索　引

イ
生きた労働　56
一物一価　30, 43, 89, 137
一般銀行　173, 174
一般商品　27, 45
一般的等価物　24
一般的利子率　169
一般的利潤率　121
インフレーション　33

ウ
迂回交換　22, 32
宇野弘蔵　26, 75, 76, 109, 110, 135, 185
運輸費用　84

エ
エンゲルス　110

カ
階級（関係・制度）　25, 58, 72
回転期間　80
回転数（率）　102
価格・価格形態　24, 91
掛売り掛買い　36
過去の労働　55, 56
貸付利子（利子率）　41, 168
貸付資本　176
過剰資本　203, 205
過剰生産　201
価　値　49, 60, 129
　　——の実体（源泉）　60
価値形成過程　60

価値形成増殖過程　58, 65
価値形態　20, 21
　　簡単な——　20
　　展開された——　21
　　一般的——　23
価値形態論　26
価値尺度機能　38
　　個別的な——　28, 38, 89, 92
　　集団的・集合的な——　31, 38, 48, 89, 92
価値増殖過程　64
価値通りの売買　25, 49, 61
価値法則　74, 121, 135, 140, 175, 184
価値保存手段機能　33
金貸資本　39, 51, 168
金貸資本形式　39
株　式　183
貨幣・貨幣形態　24, 38
貨幣金　33, 146, 167
貨幣資本　78
貨幣資本の循環形式　85
貨幣制度　24
貨幣の流通速度　33
可変資本　65
間接交換　22
簡単労働　70

キ
機械　70
機械制大工業　69～71
企業者利得　176
企業利潤　176

擬制資本（架空資本）　176〜178
協業　69
恐慌　201, 204
競争　29, 58
金　24, 89, 146
銀行券　172
銀行資本　168
銀行信用　168
銀行制度　173
銀行手形　172
銀行利潤　170
金準備　173
近代的土地所有　160, 179
金融恐慌　201

ク
具体的有用労働　55, 56

ケ
景気循環　199
経済原則　96, 113, 118, 120, 192
形態的労働量　91, 92, 136
ケインズ　173
減価償却費　79, 165
限界生産力　157
現在の労働　55
原始的蓄積過程（本源的蓄積過程）　47
原材料　54

コ
交換価値　15, 16, 49
　基準的——　49, 129
　個別的——　16, 31
　社会的・客観的——　31, 32, 48
　主観的——　16, 27
交換関係　13, 14

交換可能性　14
交換手段　14, 15, 27
交換比率（割合）　16, 20
交換要請関係　18
　〈1対1〉の——　20
　〈1対多〉の——　21
　〈多対1〉の——　23
交換力　19, 27
好況　199
工場内分業　69
公定歩合　41, 174
購買価格　43
購買過程　80
購買期間　80
購買競争　29
購買手段　27, 38
購買力　16, 28
個数賃銀　73
国家的信用　24, 173
固定資本　79
古典派経済学　25, 135
個別的交換価値　16, 31
個別的分業　69
個別的利潤率　98, 99
個別利潤　91, 98
雇用契約（労働契約）　59, 72

サ
在庫費用　84
再生産　57, 192〜194
　拡大——　192〜194
　縮小——　192〜194
　単純——　192〜194
再生産表式　140, 145
　拡大——　144, 145
　単純——　143, 144

最低必要生産量　130
最低必要労働時間　130
最劣等地　155
差額地代　149, 161
差額地代第Ⅰ形態　154
差額地代第Ⅱ形態　157
産業革命　48
産業恐慌　196
産業資本　44, 47, 50, 163, 165～167
産業資本形式　44, 46
産業予備軍　197
産業利潤　163
産業連関表（投入産出表）　114
産金資本　91, 144
産金労働量　88
三大階級　182, 186
三面的競争（関係）　29, 58, 151, 169

シ

時間賃銀　73
資　金　36
資金機能　36
市場価格　136
市場価値　136
市場生産価格　136
市場調節的生産価格　154
自然価格　25, 121
実体的労働量　90～92, 136
支払手段機能　35
支払準備率　172
紙　幣　33
資　本　37
資本化　177
資本化価値　177
資本還元　177
資本構成　104, 195, 205

――価値構成　104
――技術的構成　104
――有機的構成　104
資本構成一定の蓄積　195
資本構成高度化の蓄積　196, 204
資本市場　178
資本主義の人口法則　204
資本の分割　82
資本の下への労働の形式的包摂　71
資本の下への労働の実質的包摂　71
『資本論』　25, 51, 75, 76, 110, 145
社会的使用価値　37, 178
社会的必要労働量（時間）　56
社会的分業　111
社会的労働生産過程　111
社会的労働量　61, 88～91
熟練労働と未熟練労働　70
重商主義（段階）　47
純粋資本主義（社会）　186
純粋な流通費用　84
使用価値　14, 15
商業恐慌　201
商業資本　163
商業信用　163, 165
商業（商品）手形　36, 166
商業利潤　162, 164
商人資本　41, 51, 163
商人資本形式　41
商品・商品形態　13, 37, 129, 184
商品市場　29, 42
商品資本　78
商品資本の循環形式　86
商品流通　33
上部構造と下部構造　208
剰余価値　25, 40, 65
剰余価値の年率　108

索　引

剰余価値率　66, 100, 106
剰余労働　57, 64
剰余労働量（時間）　57
新規労働　55
信用貨幣　36, 167, 172
信用創造　172, 173
信用売買　36, 165

ス

スミス　16, 25, 26, 76, 77, 91, 135
スラッファ．P.　136

セ

生活維持費（生活費）　68, 73, 203
生活手段（物資）　57, 62
生活手段生産部門　140
生産価格　25, 119, 120
生産過程　54
生産期間　80
生産資本　79
生産資本の循環形式　85
生産手段　46, 54
生産手段生産部門　140
生産的流通費用　84, 164
生産的労働と不（非）生産的労働　54
生産費用　83
生産力と生産関係　54, 207
絶対地代　150, 161
絶対的剰余価値　67

ソ

相対的過剰人口　196
相対的剰余価値　67, 68

タ

兌換　168

兌換紙幣　173
単純な協業　69
単純労働　70

チ

蓄積　196
蓄蔵貨幣（退蔵貨幣）　34, 39
地代　148
中央銀行（制度）　172〜175
中央銀行券　172
抽象的人間労働　26, 55, 56
超過利潤　69, 138, 148
直接的交換可能性　19
直接的交換力　19, 22, 27
直接労働　56
賃銀　45, 58

ツ

通貨　33
通貨量　33

テ

手形割引　168
出来高賃銀　73
デフレーション　33

ト

等価交換　25
等労働量交換　76, 135, 140
道徳的摩損　82
特別剰余価値　69, 138, 148
土地　151
土地の商品化　179
土地所有者（地主）　153, 160
奴隷制　53, 58, 191
問屋制手工業　70

ネ

年平均回転数　81
年平均資本構成（Z比）　107, 125, 128, 136
年利潤率　100, 107, 108

ノ

農　業　150, 154
農　奴　48

ハ

販売価格　43, 94, 95, 98
販売過程　80, 161
販売期間　80, 161
販売競争　29

ヒ

必要労働　57
必要労働量（時間）　57
費用価格　91, 96
非労働期間　80

フ

歩合制　73
不　況　202
複雑労働　70
物々交換　27, 32, 51
部分労働者　71
不変資本　65
分　業　69

ヘ

平均利潤率　121
平均利潤　121

ホ

法　貨　173
封建制（制・社会）　48, 53, 58, 191
保管費　84
補助貨幣　25
本位貨幣（正貨）　24, 172

マ

前貸し資本（量）　81
前貸し資本の総回転　81
マニュファクチュア　70
マルクス　19, 20, 25, 26, 39, 51, 75, 76, 109, 110, 135, 140～142, 145, 146, 204

ユ

唯物史観　208
遊休貨幣資本　165, 167, 185, 200
遊休資金　165, 199
有用物　13, 14

ヨ

預金　168
預金利子（金利）　169
預貸業務　168

リ

リカードウ　25, 26, 135, 140
利　鞘　169
利　子　40, 51, 169
利子生み資本　176
利子率　40, 169
利　潤　40, 42, 97
利潤率　42, 97, 98
利潤率均等化の法則　119, 160, 175, 184
流通過程　80

流通期間　80, 163
流通資本　78
流通手段機能　33, 38
流通速度　33
流通費用　81, 83
流動資本　79

レ

レオンチェフ　114

ロ

労賃・労賃形態　71
労　働　45, 53
労働過程　53, 54, 87
労働価値説　25, 75, 140
労働期間　80
労働者　45, 58
労働手段　53, 54
労働生産過程　53, 87
労働対象　53, 54
労働の強化　67
労働の二重性　56
労働日　66
労働力　45, 46
労働力商品　46, 48, 65, 71
　　──の交換価値・使用価値　72
労働力の商品化　46
ロビンソン.J.　130
ロビンソン物語　76

ワ

割引業務　168
割引率　174

著者略歴

木下　富市（きのした・とみいち）

1950年、宮崎県生まれ
宮崎県立高千穂高校、法政大学経済学部卒業、
法政大学大学院博士課程修了
現在、法政大学非常勤講師として経済原論（経済学基礎理論）、経済学特講などを担当

経済原論
資本主義経済の原理的解剖

2010年7月1日　第1版第1刷　　定　価＝3000円＋税

著　者　木　下　富　市　Ⓒ
発行人　相　良　景　行
発行所　㈲　時　潮　社

〒174-0063　東京都板橋区前野町4-62-15
電　話　03-5915-9046
Ｆ Ａ Ｘ　03-5970-4030
郵便振替　00190-7-741179　時潮社
Ｕ Ｒ Ｌ　http://www.jichosha.jp
E-mail　kikaku@jichosha.jp

印刷・相良整版印刷　　製本・仲佐製本

乱丁本・落丁本はお取り替えします。
ISBN978-4-7888-0651-1

時潮社の本

国家論の科学

鎌倉孝夫　著

四六判・上製・290頁・定価3500円（税別）

科学としての国家論に立脚して、藤原正彦『国家の品格』、安倍晋三『美しい国へ』の情緒的表現の底に流れるものを糺し、ネグリ、ハート『帝国』、柄谷行人『世界共和国へ』の現実的根拠を質し、渡辺治『現代国家の変貌』に正面から向き合った労作。書評多数。

『資本論』で読む金融・経済危機

オバマ版ニューディールのゆくえ

鎌倉孝夫　著

Ａ５判・並製・242頁・定価2500円（税別）

期待いっぱいのオバマ・グリーンディールは、危機克服の決め手となりうるか？ 各国のなりふり構わぬ大恐慌回避策は、逆に資本主義の危機を増幅させはしないか？『資本論』研究の泰斗が金融・経済危機の推移を子細に分析し、世界経済の今後を明示する。『長周新聞』『労働運動研究』等で書評。

社会的企業が拓く市民的公共性の新次元　増補改訂版

持続可能な経済・社会システムへの「もう一つの構造改革」

粕谷信次　著

Ａ５判・並製・408頁・定価3800円（税別）

「100年に一度の金融・経済危機」に逢着し、本書テーマの「もう一つ構造改革」のありようが、いま、緊急に問われている。これに応えるべく、初版の議論を踏まえ、オルタナティブな社会経済システムのマクロ像を大胆に提起した「社会的・連帯経済体制の可能性」を大幅増補。

マルクスの疎外論

その適切な理解のために

岩淵慶一　著

四六判・上製・266頁・定価2800円（税別）

マルクス哲学のキーワードは「疎外」。この概念を理解しなければ、マルクスを理解するとはいえない。マルクスの「疎外」の理解を妨げてきたのは新旧スターリン主義とそれらの諸変種。いかにしたらマルクスの疎外論の適切な理解が可能かを明らかにした。